Anna Samweber

Erinnerungen
an Rudolf Steiner und Marie Steiner-von Sivers

Anna Samweber

Erinnerungen

an Rudolf Steiner und Marie Steiner-von Sivers

Herausgegeben von Jacob Streit

Verlag am Goetheanum

Erinnerungen · Band 2

Der Verlag am Goetheanum im Internet: www.vamg.ch

Einbandgestaltung von Philipp Tok unter Verwendung eines Fotos
der Dokumentation Goetheanum, Dornach
7., von Günter Aschoff durchgesehene Auflage 2014

Satz: Höpcke, Hamburg
Druck und Bindung: Druckhaus Nomos, Sinzheim

ISBN 978-3-7235-1495-5

Inhalt

Einleitung

Anna Samweber habe ich in den fünfziger Jahren in der Schweiz erstmals näher kennengelernt. Über zehn Jahre sahen wir uns nicht mehr, bis ich Gelegenheit hatte, sie am 5. und 7. April 1968 in Ostberlin zweimal ganztägig zu besuchen. Sie wohnte damals im Lessing-Nicolai-Haus. Die Vierundachtzigjährige empfing mich mit strahlender Herzlichkeit und war so aufgeschlossen, dass sie, nur durch einen gemeinsamen Imbiss unterbrochen, an jedem der beiden Tage über sechs Stunden lang aus ihrem Leben erzählte. Als sie von ihren Erinnerungen an Rudolf Steiner zu berichten begann, war ich so angesprochen, dass ich in ihrer Gegenwart spontan aufschrieb, was sie erzählte. Eigentlich war ich ohne diese Absicht hergekommen, fand das Erzählte aber so wesentlich, dass ich bald einmal zum Stifte griff. Sie fand es richtig, dass die erzählten Geschehnisse genau festgehalten würden. Sie hatte ja in ihrem Leben immer wieder vielen Menschen davon erzählt, um einen Beitrag zum menschlichen Wahrbilde Rudolf Steiners zu geben. Teilnehmer an diesen Berichten war mein Freund Francis Engel.

Anna Samweber, eine kleine, aktiv sprechende, temperamentvolle Persönlichkeit, erzählte mit anschaulicher Lebendigkeit aus ihrem sehr wachen, konkreten Gedächtnis. Als mehrjährige Mitarbeiterin Rudolf Steiners in Berlin hatte sie an seinem Wirken unmittelbaren Anteil genommen. Ein Jahr nach unserer Begegnung ist sie verstorben. Ihre Erinnerungen ruhten in den aus Berlin mitgebrachten Aufzeichnungen über Jahre im Schubfach. Erstmals erzählte ich daraus zusammenhängend in einem Vortrage 1977 gelegentlich einer Gedenkfeier für Marie Steiner in Zürich. Das Echo war so positiv, dass ich seither öfters gebeten wurde, daraus mitzuteilen. Mit dieser Schrift entspreche ich diesem vielfachen Wunsch. Die Wörtlichkeit der Erzählungen ist sinngemäß zu nehmen, wenn auch vieles darin authentisch-wortgetreu ist. Meine Schreibnotizen waren kein Stenogramm.

Die zeitliche Distanz zu den Geschehnissen gibt diesen heute bereits historischen Charakter, die auch Persönliches sachlich nehmen lässt. Kleinere Ergänzungen im Texte verdanke ich Dorothea von Berlepsch, einer Freundin von Anna Samweber, und die Fotos stellte mir Hiltrud Anhalt dankenswerterweise zur Verfügung, bei der Anna Samweber ihre letzten Lebenswochen in Westberlin verbringen durfte.

Jakob Streit

Als junge Erzieherin

Anna Samweber[1] war in München als Tochter eines Bäckermeisters aufgewachsen. So nannte sie sich die Bäckerstochter. Nach ihrer Schulzeit gaben ihre Eltern sie zur Ausbildung als Lehrerin in ein norditalienisches Kloster. Als junge Erzieherin kam sie dann nach Paris zu einem Kind in eine französische Familie. Hier bekam sie Kontakt mit einer deutschen Reedersfamilie in Odessa (Südrussland), wo sie als noch nicht zwanzigjährige Hauslehrerin für das Mädchen dieser sehr reichen Familie ihre Stelle antrat. In der Hafenstadt am Schwarzen Meer gab es eine größere deutsche Kolonie, sodass hier ebenfalls eine deutsche Schule war. Bald einmal wurde Anna Samweber neben ihrer Erziehungstätigkeit in der Reedersfamilie auch als Hilfslehrerin an die deutsche Schule herangezogen, was sie mit Eifer und Freude erfüllte. Unter den Erlebnissen in Odessa haben sich ihr zwei unauslöschlich eingeprägt.

---

1 Geb. 8. Juni 1884, gest. 2. August 1969.

Das erste Ereignis

Eines Tages betrat ich mit meinem kleinen Zögling das Café des deutschen Clubhauses, um gemeinsam ein Eis zu essen. Es war warme Sommerzeit. Da trat ein junger Herr mit einem Pudel herein, überschaute das Lokal und setzte sich unmittelbar neben uns an ein Tischchen. Der Pudel war reizend, und so entwickelte sich eine kleine Tischfreundschaft zum Hündchen und zu seinem Herrn. Er stellte sich als Wiener vor, ich als Münchnerin. Ich machte kein Hehl daraus, dass ich schon einige Jahre von zu Hause weg wäre und meine Eltern nicht mehr gesehen hätte. Er sprach: «Ich fahre demnächst geschäftlich nach Wien, und als Kaufmann muss ich ebenfalls nach München.» Im Verlauf des Gespräches anerbot er sich, meinen Eltern dort Grüße von mir zu überbringen. Wir verabredeten, dass ich ihm ein kleines Geschenk für die Eltern mitgeben würde. Er reiste ab. Einige Zeit später erhielt ich von meinen Eltern einen begeisterten Dankbrief für alles, was der nette Herr und Überbringer bestellt hatte. Als er nach Odessa zurückkam, besuchte er mich. Die Reedersfrau nahm freundlichen Anteil, da er Grüße und Zeichen meiner Eltern zurückgebracht hatte. Unvermittelt machte er den Vorschlag, ob ich nicht mit ihm das Plauderstündchen in einem nahen Strandcafé fortsetzen würde. Solches war ich nicht gewohnt und zögerte. Doch die Dame des Hauses nahm seine Partei und drang auf mich ein, die freundliche Einladung nicht auszuschlagen. Ich ließ mich überreden.

Das sommerliche Wetter war prachtvoll, und wir saßen bald im Strandcafé im Freien und plauderten. Große und kleine Boote, Segelschiffe und Dampfer belebten die Szenerie des Wassers. Unvermittelt schlug der Herr vor, er lade mich zum Abschluss des schönen Nachmittages zu einer Bootsfahrt ein. Mir war irgendwie seltsam zumute, wie da so eins ins andere lief. Er musste ziemlich ansetzen, bis ich ihm, innerlich in Abwehr, folgte. Er ging zielstrebig etwas seitab zu einem wartenden Motorboot. Wenige Worte, ein Augenzwinkern zum Bootsmann, und ich sollte einsteigen. Ich hatte dieses Zwinkern deutlich beobachtet. In mir brach's durch: ich rannte wie gehetzt Hals über Kopf davon. Zu Hause langte ich, wie von einem Alpdruck befreit, ganz verwirrt an. Der Herr ließ sich nicht mehr blicken. Vierzehn Tage später kam die Polizei ins Reederhaus. Man zeigte mir ein Fotoalbum mit verschiedenen Herren und fragte, ob ich einen davon kenne. Wirklich, der freundliche Wiener war dabei. Da eröffnete mir und meinen Herrschaften die Polizei, sie hätten bei ihm meine Adresse gefunden. Dieser Herr gehöre einem Mädchenhändler-Ring an, der eben aufgeflogen wäre. Unter andern hätte man auch diesen «Wiener» erwischt. Ahnungslose Mädchen wurden zu einer «netten Bootsfahrt» eingeladen und draußen vor Odessa auf einen wartenden Dampfer gebracht, der sie in den Orient bringen sollte, wo sie spurlos verschwanden. – Bei mir hatte es eingeschlagen wie ein innerer Blitz. Schicksalsführung hatte eingegriffen.

Das zweite Ereignis

Es war vor Kriegsausbruch 1914. In Odessa wurde bekannt, dass die Zarenfamilie zu einem Besuch in diese Stadt komme. Die Zarin war aus deutschem Fürstenhaus und Deutsch die Umgangssprache innerhalb der Zarenfamilie. So kam unserer deutschen Schule in Odessa unverhofft die Ehre zu, zum Empfang der hohen Gäste Lieder und Gedichte vorzubereiten, um ihnen damit aufzuwarten. Es sollte ein Kinderempfang durch die Zarin stattfinden. Aus Sicherheitsgründen blieb die Zarenfamilie im Salon-Sonderzug innerhalb des Bahnhofareals von Odessa.

Am bestimmten Tage rückten eine Kollegin und ich mit der auserwählten Kinderschar der deutschen Schule an. Mir war aufgetragen worden, einige Begrüßungsworte zu sprechen und das Programm zu dirigieren. Ich besaß damals schon einen kleinen Fotoapparat, den ich meiner Kollegin anvertraute, damit sie irgendwann unauffällig ein Bild knipse von der fürstlichen Familie. Wir stellten uns also im Salonwagen in Reih und Glied und bewunderten das kostbare Interieur, besonders auch das Buffet, wofür die Zuckerbäcker von Odessa Süßigkeiten gestiftet hatten, die da aufgestellt waren. Endlich erschien die Zarenfamilie, aber ohne den Zaren. Die Zarin hatte in einem bereitgestellten Sessel Platz genommen; ihre Kinder standen daneben. Wie ich in Deutsch zur Begrüßung anhob, trat der Adjudant vor mich und sagte:

«Die Hofsprache ist englisch oder russisch!» Da musste ich mich gleich umstellen und begrüßte in Russisch.

Die jüngste Tochter, Anastasia, befand sich direkt beim Zuckerbäcker-Buffet. Die Produktionen meiner Kinder nahmen ihren Gang. Da bemerkte ich, wie Anastasia mit der Hand verstohlen den Deckel einer Pralinen-Büchse aufhob, eine Schokolade in den Mund steckte und auch dem neben ihr stehenden Zarewitsch eine in die Hand schob. Ich lächelte Anastasia zu. Die Zarin bemerkte das, guckte hin und sah, wie eben der Zarewitsch eine Praline in den Mund schob. Sie fuhr vom Sessel auf, machte einige Schritte zu ihm hin, fuhr ihn an und befahl energisch: «Ausspucken, ausspucken!», was der Zarewitsch auch gleich befolgte. Doch Anastasia hatte eben hinuntergeschluckt. Im Affekt versetzte die Zarin ihrer Jüngsten einen Schlag auf die Hand. Natürlich waren wir alle etwas konsterniert. Unser Ständchen nahm indes seinen Fortgang nach Programm. Bald wurden wir gnädig entlassen. Mir verblieb das heimlich geknipste Fotobild, das gut geraten war und anschaulich die Zarenfamilie im Salonwagen festgehalten hatte. Immer hielt ich es gut verwahrt bei mir, auch auf der Flucht aus Russland in der Kriegszeit. Das Bildchen sollte später unerwartete Aktualität bekommen.

Flucht aus Russland

Meine Tätigkeit als Erzieherin der Reeder-Tochter ging weiter. Das Mädchen wurde später die zweite Frau von Trotzki. Meine Schulstunden an der deutschen Schule wurden problematisch durch den Ausbruch des Ersten Weltkrieges. Ein brennender Drang erwachte in mir, nach Hause zu fliehen. Ich hatte mir seit einiger Zeit ein Hündchen, einen Terrier, zugesellt. Wider alle Vernunft, mit Rucksack, Hündchen und etwas Geld begab ich mich 1915 auf den Weg von Odessa nach München. Weite Strecken waren bereits Kriegsgebiet und ohne öffentliche Verkehrsmittel. Stückweise mit der Eisenbahn, dann wieder zu Fuß, auf Pferdefuhrwerken usw. kam ich nach Ungarn. Den kleinen Hund trug ich meist im Rucksack. Da ich bald mittellos geworden war, musste ich mich durchbetteln.

Nach vielen Wochen der Strapazen kam ich nach Budapest. Drei Tage hatte ich nichts mehr gegessen. Ich stellte mich zu einem Café, das Hündchen machte «Männchen» und bettelte wacker mit. Ein Offizier kam heran, maß meine zerlumpte Elendsfigur und das Hündchen mit Augen. Wie ich ihn anbettelte, lud er mich zu einem Imbiss ins Café ein. Ich erzählte ihm mein Schicksal. Er nahm Anteil und quartierte mich für einige Tage zur Erholung in ein Hotel. Er besorgte mir eine Fahrkarte nach Wien, schenkte mir Kleider und einen kleinen Koffer mit Esswaren, einen «Esskoffer». (Es gibt

Sternstunden, aber auch Sternenmenschen. So einer war er.) In Etappen mit langen Wartezeiten fuhr ich nach Wien. Der Esskoffer war, auch durch andere Mitesser, leer geworden. Mit Rucksack, Hündchen, ohne Geld und Essen kam ich in Wien an. Ich suchte die deutsche Gesandtschaft auf. Als ich von meiner abenteuerlichen Flucht von Odessa nach Wien erzählte, schenkte man mir keinen Glauben. Ich bemerkte, wie die Beamten im Hintergrunde miteinander sprachen. Blitzhaft tauchte der Gedanke auf: «Die verdächtigen dich als Spionin!» Da lief ich weg zum Westbahnhof, irrte hungernd herum und wartete auf ein Wunder, und es kam. Ich erblickte eine Anschrift: «Zur Bahnhofsmission, Rotes Kreuz, 2. Etage». Ich fand die Türe, klopfte an, trat ein. Drinnen saß ein Offizier mit Rotkreuz-Armbinde. Aus einer herausgezogenen Schublade zu seiner Linken verzehrte er sein Frühstück. Mein Hündchen schnupperte, schmeichelte, sprang ihm auf den Schoß und kriegte zu fressen. Der Kontakt war hergestellt. Ich erzählte ihm meine Situation. Er überlegte hin und her, wie er mir helfen könnte, nach München zu gelangen. Schließlich machte er mir einen Vorschlag: «Wenn ich Sie als ‹lästige Landstreicherin› deklariere, werden Sie offiziell und kostenlos per Bahn, mit einem nach Deutschland zurückfahrenden Materialzug, nach München abgeschoben.» Ich war begeistert. Er stellte mir das Papier aus, stempelte, unterzeichnete und wünschte gute Reise. So dampften Hündchen und ich zufrieden und froh München zu, der lange entbehrten Heimat.

Ich greife voraus: Einige Jahre später, nach dem Kriege, war ich auf eine gewisse Zeit zu Besuch in Dornach. Auf der

Straße, unweit des Goetheanum, begegnete ich einer Bekannten, die in Begleitung eines Herrn war. Sie stellte ihn mir als einen «Herrn Dr. Kolisko» vor. Stand nicht ein Name so ähnlich auf meinem Landstreicher-Attest von Wien? Auf der Stelle holte ich das Blatt aus meiner Handtasche hervor (solche Kostbarkeiten trägt man bei sich!). Ja, da stand ebenfalls «Kolisko». Ich zeigte ihm die Unterschrift. Er stutzte. Ja, er war mein Offizier von der Bahnhofsmission in Wien, der Arzt Eugen Kolisko, dem ich hier wiederbegegnete. Wir konnten gleich frohes Wiedersehen feiern gehen!

In München

Vierzehn Jahre war ich von zu Hause fort gewesen. Niemand wusste von meinem Kommen. Am Ausgang des Bahnhofs entdeckten meine neugierigen Augen ein Plakat, auf dem ein Vortrag über Erziehung angekündet war, und ich dachte, das würde mich brennend interessieren. Beim elterlichen Hause angekommen, wollte ich die Überraschung voll genießen. Die Eltern wohnten Parterre. Ich stellte das Hündchen vor die Haustüre, läutete, schlüpfte in den Hausflur und stieg einige Stufen die Treppe hinauf. Die Mutter kam, gewahrte voll Erstaunen das Hündchen vor der Tür, holte den Vater und wie sie rätselten und Köpfe schüttelten, kam ich auch schon von der Treppe heruntergestürmt. Das war ein Wiedersehn!

Für den Nachmittag hatte meine Mutter auf eine bestimmte Zeit eine Vereinbarung, sich mit meiner Schwester in der Stadt im Café Luitpold zu treffen. Sie sprach zu mir: «Du musst mit, deine Schwester wird Augen machen!» Also ging's gemeinsam in die Stadt. Im Café war die Schwester noch nicht da. Interessiert griff ich nach einer Zeitung, um endlich wieder einmal in einem Münchener Blatt zu lesen. Auch dachte ich, mich hinter der Zeitung verstecken zu können, wenn die Schwester käme. Mein Blick fiel wieder auf die Ankündigung, die ich schon an der Plakatsäule gelesen hatte: Vortrag über «Die Erziehung des Kindes ...», gehalten von einem Michael Bauer. Erziehung! Da muss ich unbedingt hin! Ich merkte mir Ort und Zeit.

Als meine Schwester anrückte, gab es ein Hallo. Es folgten für uns frohe Tage zu Hause. Doch am bestimmten Abend fand ich mich zur «Erziehung des Kindes» ein. Es kamen zu diesem Vortrage mir etwas merkwürdig erscheinende Leute, zum Teil auch sonderbar gekleidet. Was aber der Vortragende sprach, beeindruckte mich sehr. Ich war wie entrückt. Eine neue Welt ging mir auf. Hinterher wollte ich ihn ansprechen; aber durch die ihn umringenden Damen durchzukommen, war schwierig. Erst unten beim Ausgang gelang es mir, als er mit einer liebenswürdigen Dame daherkam. Es war Margaretha Morgenstern, die Frau des im Vorjahr verstorbenen Dichters Christian Morgenstern, wie ich später erfuhr. Ich stellte unter anderem die Frage, ob es weitere ähnliche Veranstaltungen gäbe. Da wies mich die Dame auf die «Kunstzimmer»[2] in München, wo anthroposophische Veranstaltungen, Bibliothek usw. waren. Dadurch fand ich, nichtsahnend, Anschluss an die anthroposophische Bewegung und begann, Bücher eines gewissen Dr. Rudolf Steiner zu lesen. Da ich gleich meine helfenden Dienste angeboten hatte, wurde ich gebeten, an der Kartei für die anthroposophische Bibliothek gelegentlich mitzuarbeiten und so in dieser Bücherei Ordnung zu schaffen. Auch wurde ich zur Mithilfe an einer demnächst stattfindenden Gedenkfeier eingeladen.[3]

Es hieß, ich könne beim Blumenschmuck des Raumes hel-

---

2 Das erste Kunstzimmer wurde in Schwabing am 1. März 1908 und das zweite Kunstzimmer in der Zieblandstraße am 4. November 1909 von Sophie Stinde und Pauline Kalckreuth eingerichtet.

3 Für Sophie Stinde, siehe Gedenkworte Rudolf Steiners, GA 261, Rudolf Steiner und unsere Toten, 30. November 1915.

Anna Samweber in jüngeren Jahren

fen und nach Schluss der Veranstaltung die Obolusbüchse bei der Türe hinhalten. (Im Betteln war ich ja geübt.) – Eigentlich wusste ich noch gar nicht, was sich da alles bei diesen sonderbaren und mir doch irgendwie sympathischen Leuten tat. Von Rudolf Steiner wusste ich nur aus begonnener Lektüre. Der Abend kam heran. Ich half den Raum mit roten Rosen schmücken. Ein Herr Adolf Arenson spielte feierlich zu Beginn am Harmonium, und sein Sohn, der kleine Hans, stand auch dabei. Auf dem Podium wurde von einigen Herren in verteilten Rollen ein seltsamer Text gelesen.[4] Die Rolle des Benediktus las Rudolf Steiner, den ich aber noch nicht kannte. Dann trat dieser Sprecher ans Pult und hielt die Gedenkrede, die mich tief ergriff. Da wurde ich von der Gewissheit ergriffen: der hier spricht, muss der Doktor Steiner sein, von dem ich die Bücher lese. Sein Wort und Wesen erschütterten mein Innerstes. Nochmals spielte das Harmonium. Ich stellte mich an die Türe mit der Sammelbüchse. Die Menge verzog sich nach und nach. Ich stellte meine Büchse bei der Türe hin und sah den Doktor Steiner von einigen Menschen umringt im Gespräch. In mir stieg der Gedanke auf: Was müsste in mein Leben kommen, dass ich diesem Menschen die Hand geben dürfte? Ich bin sonst alles andere als schüchtern und sentimental; aber ich wandte mich weg. Die Tränen flossen. So stand ich seitab und wartete, um beim Aufräumen Hand anzulegen. Plötzlich hörte ich eine Stimme hinter mir. Über meine Schulter reckte sich eine Hand aus und ergriff die meine. Es war Doktor Steiner, und er sagte zu mir: «… auf

---

4 Aus der «Weltmitternachtsszene», 5. und 6. Bild, des Mysteriendramas «Der Seelen Erwachen» von Rudolf Steiner.

Wiedersehn in Berlin!» und lachte dazu. Ich war sprachlos. Ich hatte doch nichts mit Berlin zu tun!

Nach etwa vier Wochen erhielt ich einen Brief aus Köln von einer Frau Hedda Hummel, die öfters Vorträge von Rudolf Steiner stenografierte. Sie schrieb mir: «Auf Empfehlung von Frau Dr. Steiner möchte ich Sie bitten, mit mir und Frl. Dr. Elisabeth Vreede Vorträge von Rudolf Steiner in Maschinenschrift auszuarbeiten.» Sie lud mich hierfür nach Köln ein. Ich sagte zu.

Im Kölner Bahnhof diente als Erkennungszeichen das Buch «Theosophie». Die beiden Damen empfingen mich sehr herzlich, und schon in der Straßenbahn waren wir per «Du». Obschon ich nicht einmal Mitglied dieser Gesellschaft war, wurde ich sehr zuvorkommend behandelt. Von Rudolf Steiner hatte ich eben erst zwei Bücher gelesen. An die drei Monate blieb ich in Köln und schrieb die Vorträge nach dem Diktat von Frau Hummel in die Schreibmaschine. Dann kam das Schicksalstelegramm aus Berlin an Frau Hummel, ich solle dorthin kommen zur Ausarbeitung der Wintervorträge Rudolf Steiners.

In Berlin

So schnürte ich denn einige Zeit später die Lederriemen um meinen Japankorb, darin meine Kleider und Habseligkeiten verstaut waren, und reiste in das für mich so ungewisse Berlin, Adresse Motzstraße 17. Hier befanden sich das anthroposophische Zentrum und auch die Wohnräume Rudolf Steiners und Frau Marie Steiners, die sie benutzten, wenn sie in Berlin waren. Klopfenden Herzens stieg ich mit meinem schweren Koffer-Korb die Treppe an der Motzstraße hoch in die zweite Etage. Ich läutete. Die Türe öffnete sich, und vor mir stand Rudolf Steiner in Person. Ich war so verdutzt, dass der Japankorb meiner Hand entfiel und am Boden platzte. Sämtliche Wäsche und Unterwäsche lagen mit dem Übrigen vor Doktors Füßen. Ein Wollknäuel machte sich selbständig und rollte Dr. Steiner zwischen den Füßen hindurch in den langen Gang hinein. Erstaunt, aber heiter versetzte er: «So bin ich allerdings noch nie begrüßt worden!» – Das war mein Einzug in Berlin. Bald begann ich mit Vortragsnachschriften und anderen Schreibarbeiten.

Es war Kriegszeit. Man richtete einen Kinderhort ein, und Rudolf Steiner bat mich, die Leitung dieses Hortes zu übernehmen, was ich unverzüglich ausführte. Es gab anderwärts auch ein Lazarett, das durch ein reiches Mitglied der Anthroposophischen Gesellschaft (Helene Röchling aus Mannheim) finanziert wurde. Der Helferdienst lag Rudolf Steiner sehr am Herzen. Er entwarf ein Medaillon, das den einsatztüchtigen Pflegern und Helfern verliehen wurde. Darauf standen die Worte: «Heil den Helfern der Heilung». Das geprägte Metall zeigte helfende Hände, welche die Strahlen der Sonne empfangen, um sie an die Übel der Erde herantzutragen.[5]

---

5 Anna Samweber trug das Medaillon stets unter dem Kleid.

Weihnachtsspiele in Berlin 1916/17

Mit großer Liebe hatte Rudolf Steiner die von seinem verehrten Wiener Lehrer, Prof. K. J. Schroer, in Oberufer gesammelten Weihnachtsspiele wiedererweckt. Sie wurden nicht nur am Goetheanum, sondern nach und nach an immer mehr Orten gespielt. Ihre Darstellung ermöglicht in bildhaft- und gemütergreifender Weise, die Christgeburts-Botschaft aus dem alten Volkstum heraus auch für moderne Menschen zum Erlebnis zu bringen. Rudolf Steiner hielt sehr auf eine getreue Überlieferung und echt volkstümliche Darstellung.

Mitten im Kriege hatte sich in Berlin eine Spielgruppe, eine Kumpanei, gebildet, die an verschiedenen Stätten, auch in Krankenhäusern spielte.

Ich selber spielte in einer Tracht eine Wirtin. Im Virchow-Krankenhaus war eine frühe Morgenaufführung vereinbart. Ich betreute die Requisiten und Kleider für die Mitspieler. In aller Frühe verstaute ich Kleider in meinem Japankorb, und was nicht dreinging, trug ich am Leibe unter einem Pelzmantel, sodass ich recht schön dick und rund war. Es war noch dunkel, als ich in einen Autobus einstieg. Erst nach langer Fahrt bemerkte ich mit Schrecken, dass ich in die falsche Richtung gefahren war. Entsetzt stieg ich aus. Infolge der Benzinknappheit während der Kriegszeit fuhren die Autobusse sehr selten, und Taxen durften nur in kleinen Bezirken fahren und zubringen. Ich hielt eine Taxe an und eröffnete dem Chauffeur: «Ich muss dringend in die Virchow-Klinik.» Der Chauffeur maß meine runde Figur und Aufgeregtheit mit Augen und hieß mich einsteigen. Bezirk hin, Bezirk her – er raste mit mir durch Berlin, was man rasen kann. Einmal fragte er bekümmert: «Geht's noch?» Ja, es ging noch … Leicht verspätet kamen wir zum Portal der Klinik, wo man besorgt auf mich wartete. Ein Arzt in weißem Kittel war auch dabei. Wie ich ausstieg, rief es: «Endlich kommt sie!» Da meinte der Chauffeur zum Arzt ganz stolz: «Es ist noch nix passiert!» Das Spiel hat nach dieser Aufregung Kranke und Gesunde erquickt.

Anfang Februar 1917 kam Rudolf Steiner für einige Zeit nach Berlin. Mittlerweile hatte irgendein Mitglied in Dornach erzählt, man hätte in Berlin die Weihnachtsspiele in abgeänderter Weise gespielt. Als nun Rudolf Steiner mich begrüßte, sagte er ganz streng: «Sam, rufen Sie mir die Kumpanei zusammen! Ich möchte mir das Spiel ansehen.» Ich war etwas konsterniert; aber es musste sein. Ohne Publikum, Rudolf Steiner in der ersten Reihe sitzend, spielten wir ihm das schon fast zwei Monate verabschiedete Spiel. Ich bemerkte, wie er während der Aufführung aufgeregt seinen Zwicker schlenkerte, und ein Bein ging immer auf und ab. Nach der Aufführung sprang er auf die Bühne und rief: «… Es sind doch *Wirte* und keine Wirtinnen! *Hirten* und keine Hirtinnen!» Es donnerte. Darauf Totenstille. Da trat ich vor und hielt in der Stimmstärke nicht zurück: «Herr Doktor, es ist Krieg: die Männer sind im Feld! Wir müssen hier für Männer einstehen!» Wiederum absolute Stille. Da kamen von ihm die befreienden Worte, eins ums andere gesetzt: «Das – kann – ich

– akzeptieren!» Darauf lud er uns zu einer Jause mit Kaffee und Kuchen ein und war mit uns allen so herzlich und froh.

Das war etwas Wunderbares an ihm, wie er immer wieder die augenblickliche Situation aufnahm, sich damit auseinandersetzte. Jeder Mensch wurde bei ihm immer neu und ganz frisch aufgenommen, auch wenn man Fehler gemacht hatte.

Der Hilferuf

Frau Dr. Steiner besaß eine schöne Brillantuhr, die auf dem hinteren Deckel ihre Initialen trug. Sie war kaputt, und ich brachte sie zu einem uns bekannten Uhrmacher, weit entfernt von der Motzstraße. Es war spät, an einem kalt-nebligen Novemberabend, in Richtung Nollendorfplatz, wo es Bauten für eine U-Bahn-Strecke gab. Ich lief an einer sich hinziehenden Bretterwand entlang. Plötzlich lösten sich aus dem Dunkel zwei Gestalten und stürzten sich auf mich. Nun hatte mir Rudolf Steiner einmal gesagt, wenn ich in Not käme, dürfe ich mich immer an ihn wenden. Als nun die Kerle auf mich zustürzten, der eine mich von hinten umschlang, damit der andere mich ausplündern könne, rief ich innerlich spontan: «Doktor, hilf mir!» In diesem Augenblick zuckten die beiden zurück, wie von der Tarantel gestochen, und weg waren sie.

Als Rudolf Steiner am Morgen zum Frühstück kommend mich erblickte, begrüßte er mich mit den Worten: «Guten Morgen, Sam! Sie haben aber heute Nacht geschrien! Was war denn?» Nun erzählte ich den Hergang des Erlebnisses. Nachdem er ruhig zugehört hatte, versetzte er tröstend, ganz schlicht: «Ich habe Ihnen aber doch geholfen.»

Lokalsorgen

In der Motzstraße 17 befanden sich im 1. Stock die Bibliothek des Berliner Zweiges und die Wohnräume von Kurt und Clara Walther. Herr Walther, ein höherer Postbeamter, leitete in vorbildlicher Weise die anthroposophische Arbeit und verwaltete auch die Bibliothek. Im 2. Stock befanden sich die Wohnräume, wo Herr und Frau Doktor abstiegen, wenn sie in Berlin waren, sowie ein Eurythmie-Raum. Im 3. Stock waren die Zweigräume. Motzstraße 17 war ein großer Gebäudekomplex mit Innenhof und damals die Heimstätte der anthroposophischen Arbeit in Berlin. Im Erdgeschoss hatte der Besitzer, Herr Wernicke, eine Tanzschule eingerichtet, die er leitete. Als er starb, hatten die Söhne des Herrn Wernicke kein Interesse, diese Tanzschule zu übernehmen. So wollte die Witwe, Frau Wernicke, diese Räume unten neu vermieten. Die Vermietung ging an einen «Okkultisten», der in Berlin die «Loge zum heiligen Gral»[6] gegründet hatte. Wer nun unten in den Hausflur trat, sah auf der einen Seite unsere Tafel «Anthroposophische Gesellschaft» usw. und gleich gegenüber die Tafel der Grals-Loge.

Eines Tages kam Rudolf Steiner von Stuttgart her und

---

6 Vielleicht handelt es sich hier um die Gralsloge, die der Deutsch-Amerikaner Dr. P. Braun 1890 gegründet hat und die im Zusammenhang mit der «Neugeist»-Bewegung stand.

sah beim Eingang diese Sache. Gleich protestierte er, es sei unmöglich, mit dieser Loge im selben Hause zu sein. Einer müsse heraus. Es musste ein Schiedsrichter bestellt werden. Der Loge wurde gekündigt; aber die Anthroposophische Gesellschaft musste ihr für den Umzug eine Entschädigung zahlen. So ging die Sache in Ordnung.

Frau Wernicke vermietete neu. Etwa zwei Monate später wurden die Räume durch einen Damenclub belegt. Als Doktor Steiner nach Berlin kam, erzählte ich ihm mit gemischten Gefühlen von der Neuvermietung. Er aber sagte: «Das geht uns nichts an; das stört uns nicht.» Man müsse nur die Eurythmistinnen aufklären. Und dabei blieb es.

Der neue Saal

Im Jahre 1918 wurden für die Zweigarbeit neue Räume an der Potsdamer Straße 93 bezogen mit einem Vortragssaal, kleiner Bühne und anderen Räumen. Als wir einzogen, fehlten für den oberen blauen Saal noch die Stühle. Ein vermögendes Mitglied hatte mit wahrzunehmender Geste die Bestuhlung für den Saal zugunsten des Berliner Zweiges gestiftet. Herr und Frau Doktor kamen nach längerer Abwesenheit wieder nach Berlin und trafen am neuen Zweigort an der Potsdamer Straße ein. Mit großer Freude führte ich sie in den oberen blauen Saal, der mit neuen Stühlen ausgestattet war. Zum Erstaunen von Frau Doktor und mir sagte Rudolf Steiner: «Bitte, Frau Doktor, zahlen Sie die Summe an die Spenderin zurück.» Als sie ihrer Verwunderung Ausdruck gab, antwortete er: «Sehen Sie, dieser Zweig ist unser Arbeitskreis, der von uns getragen wird. Oft glaubt der Spender, dass er durch ein Geschenk ein Mitspracherecht habe.» Da sich Dr. Steiner in diesem Falle nicht verpflichten wollte, zahlte Marie Steiner die stattliche Summe für die Stühle zurück.

Unmittelbar nach dieser Erörterung musste Marie Steiner gleich zur Probe in den großen Saal gehen, und ich blieb mit Rudolf Steiner alleine im Oberlichtsaal. Er fuhr im Gespräche weiter und sagte: «Sehen Sie, Sam, man kann auch einer Gesellschaft nichts vererben. Eine Gesellschaft ist ein Fluktuierendes. Morgen sitzt ein anderer oben und macht alles anders. Man kann nur einer Person oder einem Gremium von Menschen etwas vererben, dem dann nur eine Nutznießung zukommen kann. Sehen Sie, in Weimar war das so, dass die Goethe-Gesellschaft ein Haus besaß. In diesem Hause war das Goethe-Schiller-Archiv. Die Goethe-Gesellschaft hatte aber kein Einspruchsrecht in die Angelegenheiten des Goethe-Schiller-Archives und deren Herausgabe der Werke Goethes. Dies habe ich mir zum Vorbild genommen.»

Über das Schimpfen

Da Rudolf Steiner aus inneren Gründen Menschen seines Umkreises, wenn sie Fehler begingen, nicht schelten konnte, um das Verhältnis von Lehrer zu Schüler nicht zu stören, übertrug er öfters solch unbequeme Pflichten Marie Steiner, die er scherzhaft dann auch seine «Reinemachefrau» nannte oder sogar einmal den Ausspruch gebrauchte: «Sie muss mein eiserner Besen sein.»

Nun geschah es einmal, dass Dr. Steiner in Gegenwart von Frau Dr. Steiner mich wieder etwas schimpfte. Da sagte Frau Doktor: «Aber warum schimpfen Sie die Sam immer?» Darauf antwortete Herr Doktor: «Ich muss auch einmal schimpfen dürfen, und dann muss ich es bei Menschen tun, von denen ich weiß, dass sie es vertragen!» Daraufhin sagte ich: «Und ich bin froh, wenn der Doktor mich schimpft; denn dann weiß ich, dass ihm etwas an mir und meiner Arbeit liegt.»

Die Philosophie der Freiheit und das Gold

Es war wohl 1917, dass eine neue Auflage von Doktors Buch «Die Philosophie der Freiheit» bevorstand. Rudolf Steiner benötigte ein altes Exemplar, besaß aber keines mehr davon. Er suchte ein der Motzstraße 17 gegenüberliegendes Buchantiquariat auf und stöberte nach seiner Philosophie. Nachdem er erfolglos gesucht hatte, kam ich kurz darauf in denselben Buchladen. Die dort tätigen Damen, die ich wohl kannte, machten mich auf die verschiedenen, herumliegenden Bücherhaufen aufmerksam und bemerkten: «Sehen Sie, wie *er* wieder gearbeitet hat!» Ich wusste, dass er seine «Philosophie» suchte, und begann meinerseits zu wenden und zu kehren. Inmitten der verstreuten Bücher fand ich sie.

Vergnügt ging ich damit nach Hause und triumphierte: «Herr Doktor, ich habe drüben im Antiquariat etwas gefunden!» Er aber: «Doch nicht die ‹Philosophie›, das glaub ich nicht.» – «Wetten wir?» – «Wie viel?» – «Um 20 Mark.» Nun rückte ich mit dem Buch heraus, und er war es auch zufrieden und drückte mir zwei Goldstücke zu je zehn Mark in die Hand.

Nun war zu dieser Zeit unser Mitglied Herr Alfred Hummel in der General-Pape-Straße als Soldat kaserniert ohne abendlichen Ausgang. So musste er auch auf die Teilnahme an Vorträgen Rudolf Steiners verzichten. Jedoch konnte man für zehn Goldmark diesem Pape-Soldaten einen abendlichen

Ausgang erwirken. Also begab ich mich dahin und kaufte den Hummel für zwei Abende frei. So hat das Gold der «Philosophie der Freiheit» tatsächlich Freiheit verschafft.

Zum Tode von Ernst Haeckel (9. August 1919)

Am Tage, der auf den Tod von Ernst Haeckel folgte, saßen wir, eine kleine Tischgesellschaft, in der Motzstraße mit Herrn und Frau Doktor bei Tische, wo ich das Mittagessen serviert hatte. Frau Clara Walther war auch anwesend. Als man den Kaffee trank, holte ich unten die «Berliner Zeitung». In großen Schlagzeilen war darin der Tod des großen Naturforschers angekündigt. Rudolf Steiner las uns diese Zeitungsmeldung vor und sprach anschließend in großen, bewegten Worten über Haeckel und sein Lebenswerk. Dabei kam er auf die Frage zu sprechen, in welche Hände wohl Haeckels Werke und dessen Nachlass kommen würden. Unvermittelt wandte er sich an Frau Doktor und führte aus, dass er sich immer als Vorbild das Goethe-Archiv in Weimar genommen habe, wo die Goethe-Gesellschaft nichts mitzubestimmen hatte. Und weiter sagte er vor uns andern zu ihr, dass sie ja dieses, ihre gemeinsame Sache betreffend, gut geordnet hätten.[7]

Frau Doktor antwortete, dass sie die geistige Welt bitten möchte, *vor* ihm gehen zu dürfen. Die Hand Marie Steiners lag auf dem Tisch. Herr Doktor ergriff sie und sprach: «Nein, Frau Doktor, Sie müssen zwanzig Jahre länger leben, um mein Werk zu retten!» Frau Doktor antwortete hierauf: «Das

---

7 Es bestand ein gegenseitiges notarielles Testament vom 18. März 1915, in dem dem Überlebenden das unbeschränkte Erbe und freie Verfügung darüber zuerkannt war (siehe S. 44 f.).

ist ja furchtbar!» Herr Doktor legte seine Hand wiederum auf die ihre und wiederholte: «Ja, Frau Doktor, Sie müssen zwanzig Jahre länger leben, um mein Werk zu retten. Das ist Ihr Karma.» Frau Doktor war ganz verzweifelt.[8]

---

8 Diesen Bericht hat einige Jahre zuvor Frau Clara Walther, die ebenfalls bei diesem Geschehnis anwesend war, dem Herausgeber gegeben, genau in derselben Weise, Wort für Wort. Marie Steiner selbst hat davon u. a. auch ihrem Berater in wirtschaftlichen Dingen, Emil Leinhas, erzählt. Er gibt es verkürzt wieder in seinem Buche «Aus meiner Arbeit mit Rudolf Steiner» (Zbinden Verlag, Basel 1950, S. 32): «Marie Steiner äußerte einmal aus irgendeinem Anlass bei Tisch, sie wünsche nicht, dass sie Rudolf Steiner überleben müsse; sie könne sich das gar nicht denken. ‹Doch›, sagte Rudolf Steiner, ‹Sie werden noch einmal meinen Namen retten müssen!› Als ich Marie Steiner im Jahre 1948 daran erinnerte, äußerte sie: ‹Ja, er hat es mir wiederholt gesagt; einmal schon in Berlin.›»

Die Porträtbüste

Im Besuchszimmer an der Potsdamer Straße stand eine Gips-Porträtbüste von Rudolf Steiner, die er geschenkt erhalten hatte. Ich mochte sie nicht leiden; denn wir hatten den Doktor lebendig und ganz anders vor uns. Nun sollte der Philosophisch-Anthroposophische Verlag nach Dornach übergeführt werden, und so waren wir alle am Packen. Ich selber verpackte Akten. Plötzlich kam der Doktor mit seiner eigenen Plastik im Arm zu mir und sprach: «Sam, den schenk ich Ihnen zum Andenken!» Ich brachte ein sicher dürftig-trockenes «Danke, Herr Doktor» hervor.

Als Rudolf Steiner abgereist war, brachte ich die Doktorbüste in den großen Saal. Unter der Bühne war ein niederer, elf Meter tiefer Raum. Ich öffnete die Schiebetüre, kroch mit der Büste hinein und schob und schob sie tief in die hinterste Ecke. Aus den Augen, aus dem Sinn! – Ein halbes Jahr später waren große Veranstaltungen in Berlin[8a]. Der Doktor kam von Dornach her. Wie suchend ging er bei uns an der Potsdamer Straße durch alle Räume und trat endlich an mich heran: «Sam, wo haben Sie denn die Büste aufgestellt?» Ich

---

8a Die letzte große Veranstaltung war der «Anthroposophische Hochschulkongress» vom 5. bis 12. März 1921, der eigentliche Umzug des Verlages und der Wohnung war dann im Dezember 1923.

antwortete: «Herr Doktor, die mag ich nicht leiden», und gestand, wo sie hingekommen sei. Herr Doktor trat an die offene Saaltüre und rief laut ins Haus hinein nach Frau Doktor, die gar nicht ahnte, warum sie plötzlich so dringend hergerufen wurde. Ich sah wohl, dass seine Mundfalten etwas wippten, als er nun «rumorte», ich solle Frau Doktor zeigen, wo ich die Büste hingestellt hätte. Ich winkte Frau Doktor zur Bühne, schob das Türchen beiseite und wies: «Dort hinten in der Ecke.» Frau Doktor bückte sich, guckte unter die Bühne und machte Augen! Da lachte der Doktor herzlich und strahlte: «Samchen, ich wollte doch nur wissen, *was* Sie damit anstellen!» – Das war seine Art von Humor; er hat sich so darüber gefreut.

Weggefährten

Rudolf Steiner hatte zu Marie Steiner unbedingtes Vertrauen. Das erste Testament, das bekannt ist (19. Februar 1907), als sie noch den Namen Marie von Sivers trug, beginnt mit den Worten: «Nach meinem Tode soll Fräulein *Marie von Sivers* das Recht haben, in meinem Namen zu verfügen. Was sie thut, soll in meinem Namen gethan sein.» Und es schließt mit den Worten: «Marie von Sivers selbst wird aber immer bei mir sein. Unsere Einigung bleibt unlöslich.»[9] Einmal zeigte mir Marie Steiner (nach dem Tode Rudolf Steiners) einen Brief von ihm, in dem er ausführte, wie für sie beide in der geistigen Welt bestimmt worden sei, dass er nur mit ihr zusammen seine irdische Aufgabe erfüllen könne. Dieser Brief gehörte zu jenen sehr persönlichen von Rudolf Steiner, die Marie Steiner verbrannte.[10] Als ich sie fragte, warum sie dies getan, es wäre doch bedeutsam, dass die Mitgliedschaft darum wüsste, antwortete sie sehr entschieden: «Ich kann doch dieser Gesellschaft nicht das Intimste preisgeben!»

Sehr oft hatte der Doktor unter den Unzulänglichkeiten der Menschen und unter den gesellschaftlichen Schwierigkeiten zu leiden. Einmal kam es wie ein Aufschrei: «Ich bin

---

9 Siehe S. 44 f.

10 Nach dem Tod Marie Steiners hat Dr. Paul Jenny als Testamentsvollstrecker ein großes verschlossenes Kuvert mit den Briefen Rudolf Steiners an Marie Steiner, auf dem stand «Nach meinem Tode zu verbrennen», unter Zeugen pflichtgemäß verbrennen lassen. Dies hat Dr. Jenny Jakob Streit berichtet

ja auch noch Mensch!» Er hatte Sorgen um Marie Steiner, wenn er einmal nicht mehr da wäre. Er appellierte an meine Treue zu ihr und sprach einmal aus: «Man wird ihr alles wegnehmen, sodass sie nicht mehr recht wissen wird, womit ihr Leben fristen, wenn ich nicht mehr da bin.» Solche Schatten zeichneten sich ab.

Zu einer richterlichen Eingabe von Solothurn (8. Januar 1952)

Als wir zum zweiten Male bei Anna Samweber weilten, kam sie auf die nach dem Tode Rudolf Steiners einsetzenden Versuche zu sprechen, den Marie Steiner testamentarisch zugesprochenen Nachlass als der Anthroposophischen Gesellschaft zugehörig zu interpretieren. Die Gesellschaft sei Erbe Rudolf Steiners, wurde erklärt. Der Vorstand der Anthroposophischen Gesellschaft interpretierte später eine Aussage Rudolf Steiners, die er bei der Neugründung dieser Gesellschaft zu Weihnachten 1923 getan hatte, als er den Verlag Marie Steiners als eine Unterabteilung der Anthroposophischen Gesellschaft vorstellte, so, als ob damit das Testament aufgehoben wäre. Rudolf Steiner formulierte am 29. Juni 1924 an der elften Generalversammlung des Goetheanum-Bauvereins, bei der der Vorstand der Anthroposophischen Gesellschaft auch Vorstand des Bauvereins wurde:

»Als zweites innerhalb der *Bewegung* haben wir den Philosophisch-Anthroposophischen Verlag, der ja jetzt nach Dornach übergesiedelt ist, und der nicht anders behandelt werden kann, als ein integrierter Teil der *anthroposophischen Bewegung* selber ...»

Anna Samweber holte ein 14-seitiges maschinengeschriebenes Dokument hervor, das sie selber verfasst hatte. Aus ihrer eigenen Initiative hatte sie diese Eingabe an den Oberrichter von Solothurn verfasst und am 8. Januar 1952 eingereicht, da dort ein Prozess um die Nachlassrechte

Rudolf Steiners lief. Sie bat mich, dieses Dokument laut vorzulesen, was nun auch geschah. Anschließend schenkte sie es mir zum Mitnehmen in die Schweiz. Einige Stellen daraus, die Erinnerungen an Rudolf Steiner betreffen, sollen hier bekanntgegeben werden. Anna Samweber gab ihrer großen Genugtuung Ausdruck, dass damals das «Schweizer Gericht in Solothurn» die Testamente Rudolf Steiners und Marie Steiners und deren Vollzug vollumfänglich geschützt hatte durch seinen Gerichtsentscheid, entgegen dem irrtümlichen Einspruch des damaligen Vorstandes der Anthroposophischen Gesellschaft.

Wie das Wesen Anna Samwebers ist der Stil ihrer Eingabe sachlich, entschieden und wenn nötig kämpferisch. Hier aus dem Originaltext:

«Es kann nicht der Zweck meines Briefes sein, auch nur einen Teil von dem nachzuweisen, was alles an Irrtümern und Verkehrtheiten – um mich nicht stärker auszudrücken – in dem Anspruch des Vorstandes und seinen Begründungen enthalten ist. Alle die Unterlagen dafür liegen dem Gericht vor. Ich will aber aus meinen vielen persönlichen Erlebnissen und Erfahrungen mit Rudolf Steiner zeigen, dass er keineswegs weltfremd war und etwa gemachte Testamente zu widerrufen vergaß, oder sich etwa als einen so tief im geistigen Leben stehenden Menschen empfand, dass er sich über äußere Gesetze oder durch das soziale Zusammenleben der Menschen bedingte Regelungen hinweggesetzt hätte. Das gerade Gegenteil war der Fall. Um das an Beispielen aus dem unmittelbaren Leben zu zeigen, die ja manchmal blitzlichtartig die Denkungsweise eines Menschen ver-

deutlichen können, habe ich folgende Erlebnisse aufgeschrieben.
Ich versichere an Eides Statt, dass ich diese Berichte wahrheitsgemäß bringe.

1. Nach einem Vortrag hielt sich Dr. Steiner noch in seinem Zimmer auf. Er hatte ein Aktenstück in der Hand, besprach sich mit Herrn Rechtsanwalt Dr. Büttner (einem Mitglied der Gesellschaft) und meinte, dass er noch eine notarielle Beglaubigung dazu brauche. Herr Dr. Büttner bot sich an, diese Sache für ihn zu erledigen. Dr. Steiner antwortete: ‹Ich danke, Herr Dr. Büttner. Das geht nicht. Die Sache kann ein gerichtliches Nachspiel haben. Wenn es zu Gericht geht, kann der Richter sagen, Sie sind befangen. Und außerdem wäre es auch unanständig von mir, weil Sie Mitglied sind.› Tatsächlich ging Dr. Steiner am nächsten Tage zu einem außer der Gesellschaft stehenden Rechtsanwalt in der Potsdamer Straße.

2. Als die Arbeitsgruppe Dr. Steiners in Berlin neue Räume in der Potsdamer Straße mietete, wurde der fertige Mietsvertrag Herrn Dr. Steiner vorgelegt. Dr. Steiner las ihn aufmerksam durch (wie er in solchen Fällen immer tat), zog einen Stift aus der Tasche, machte eine Schleife in dem Schriftstück und setzte die Worte ‹nebst Wohnung für die Kastellanin› ein. Diese Aufmerksamkeit und Genauigkeit Dr. Steiners hatte später, als in einer Zeit großer Wohnungsnot gewerbliche Räume für Wohnungen beschlagnahmt wurden, zur Folge, dass die Arbeitsgruppe ihre Räume behalten konnte.

3. Einiges Weitere aus den Testamenten Rudolf Steiners:

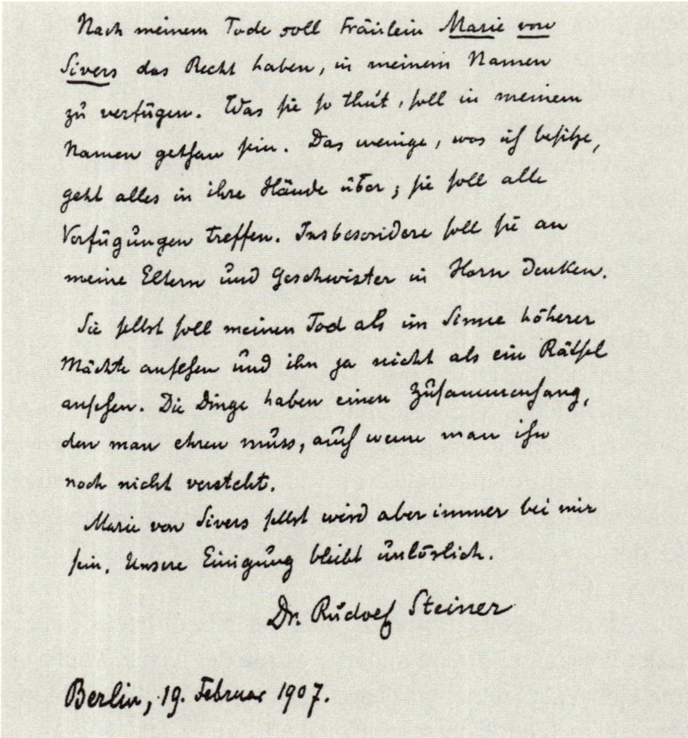

Nach meinem Tode soll Fräulein Marie von Sivers das Recht haben, in meinem Namen zu verfügen. Was sie so thut, soll in meinem Namen gethan sein. Das wenige, was ich besitze, geht alles in ihre Hände über; sie soll alle Verfügungen treffen. Insbesondere soll sie an meine Eltern und Geschwister in Horn denken.

Sie selbst soll meinen Tod als im Sinne höherer Mächte ansehen und ihn ja nicht als ein Rätsel ansehen. Die Dinge haben einen Zusammenhang, den man ehren muss, auch wenn man ihn noch nicht versteht.

Marie von Sivers selbst wird aber immer bei mir sein. Unsere Einigung bleibt unlöslich.

Dr. Rudolf Steiner

Berlin, 19. Februar 1907.

Nach meinem Tode soll Fräulein Marie von Sivers das Recht haben, in meinem Namen zu verfügen. Was sie so thut, soll in meinem Namen gethan sein. Das wenige, was ich besitze, geht alles in ihre Hände über; sie soll alle Verfügungen treffen. Insbesondere soll sie an meine Eltern und Geschwister in Horn denken.

Sie selbst soll meinen Tod als im Sinne höherer Mächte ansehen und ihn ja nicht als ein Rätsel ansehen. Die Dinge haben einen Zusammenhang, den man ehren muss, auch wenn man ihn noch nicht versteht.

Marie von Sivers selbst wird aber immer bei mir sein. Unsere Einigung bleibt unlöslich.

Berlin, 19. Februar 1907. Dr. Rudolf Steiner

Berlin, Motzstraße 17, am 4. Juli 1910

Testament

Hierdurch erkläre ich, Endesunterzeichneter, dass nach meinem Tode das Folgende als mein Testament zu gelten hat.

1. Alle in meinem Besitz befindlichen Briefschaften sowie alle andern von mir geschriebenen Schriftstücke und Briefe gehen nach meinem Tode über in das Eigentum von Fräulein Marie von Sivers, z. Z. wohnhaft Berlin W. Motzstraße 17. Dieselbe hat allein nach ihrem Ermessen und im Sinne meiner ihr bekannten Absichten zu entscheiden, was mit dem Charakterisierten zu geschehen hat. Dasselbe gilt für alle in meinem Besitze befindlichen Urkunden.
2. Fräulein Marie von Sivers hat nach meinem Tode als alleinige Verwalterin meines schriftlichen Nachlasses zu gelten; ihr steht zu die Entscheidung über Neuauflagen meiner Werke sowie darüber, was von meinen Manuskripten, Reden usw. veröffentlicht werden darf.

Dr. Rudolf Steiner

Zufolge der Verehelichung Rudolf Steiners und Marie von Sivers wurde am 18. März 1915 ein gegenseitiges notarielles Testament errichtet, das im Sinne der vorigen abgefasst ist; es enthält in Art. 4 die Formulierung:

«Überlebt ein Ehegatte den andern, so ist er unbeschränkter Erbe und kann frei über den gesamten Nachlass testieren ...»

4. Als Dr. Steiner nach Dornach übersiedelte und seinen Haushalt in Berlin auflöste (1923), stellte er sein Arbeitszimmer in den kleinen Saal dieser von Frau Dr. Steiner eingerichteten und bezahlten Räume. Das löste den Widerspruch des damals inzwischen gewählten Vorstandes dieser Gruppe aus, der Anstoß daran nahm, dass diese Möbel ohne sein Wissen eingestellt worden waren. Als ich daraufhin empört vor versammelter Gruppe erklärte, dass, wenn es diesem Vorstand nicht gefalle, dass Möbel Dr. Steiners in einem dieser ihm eigenen Räume stünden, möge der Vorstand sein Eigentum, Lampen, Eimer, Scheuerlappen (das war vom Vorstand angeschafft worden), nehmen und gehen, alles andere gehöre Dr. Steiner bzw. Frau Dr. Steiner. Als ich über diese Angelegenheit Herrn Dr. Steiner in Stuttgart zu berichten hatte, sagte er wörtlich zu Frau Dr. Steiner in sehr schmerzvollem Ton: ‹Sehen Sie, Frau Dr., diese Herren glauben und sind der Meinung, dass wir sie fragen und bitten müssen, ob wir unser Eigentum in unsere Räume stellen dürfen.›

5. Für die peinliche Genauigkeit, mit der Dr. Steiner die äußere, geschäftliche Seite des Lebens in Bezug auf die Besitzverhältnisse behandelte, spricht auch die Art, wie er sich in den kleinsten Angelegenheiten des täglichen Lebens verhielt. Während der (ca. 8) Jahre, in denen ich im Hause Dr. Steiners wohnte, war ich sehr oft Zeuge, wie der Philosophisch-Anthroposophische Verlag von der Druckerei die Kisten mit den neu gedruckten Zyklen und Büchern Rudolf Steiners ausgeliefert bekam. Obwohl Herr Dr. Steiner, der das Honorar zu beanspruchen hatte, und Frau Dr. Steiner als die Besitzerin des Verlages, die es auszuzahlen hatte, durch eheliche Bande miteinander verbunden waren und man

eine mehr familiäre Art der Erledigung der Geldfrage hätte vermuten können, herrschte doch eine klare Trennung der geldlichen Angelegenheiten. Jedes Mal nach der Ankunft der Bücher ging Frl. Johanna Mücke, die Prokuristin des Verlages, zu Dr. Steiner und zahlte ihm das Honorar aus. Und dank der originellen Art Fräulein Mückes spielte sich der Vorgang dann jedes Mal so ab: Dr. Steiner nahm das Geld in Empfang, zählte es, unterschrieb und dankte Frl. Mücke. Frl. Mücke wehrte ab und sagte, dass wir ihm dankten, worauf Dr. Steiner erwiderte: Nein, ich danke Ihnen.

6. Ich habe durch ca. 10 Jahre hindurch die Maschinenabschriften mit mehreren Durchschlägen von Vorträgen Dr. Steiners nach dem Stenogramm anzufertigen gehabt. Bei einer dieser Gelegenheiten trat einmal ein damaliges Vorstandsmitglied des Münchener Zweiges an mich heran mit der Bitte, ihr einen Durchschlag mitzumachen. Ich fragte Frau Dr. Steiner, ob ich das tun dürfe. Sie sagte, ich müsse da zu Herrn Dr. Steiner gehen, sie könne darüber nicht verfügen. Als ich diese Frage daraufhin an Herrn Dr. Steiner stellte, wurde er geradezu böse darüber, dass überhaupt die Möglichkeit bestehen könne, Schreibmaschinenabschriften seiner Vorträge ohne sein Wissen weiterzugeben. Er sagte: ‹Das ist geistiger Diebstahl.› Ich erwiderte zu meiner Entschuldigung, dass ich ihn ja darum frage. Er entgegnete darauf, er müsse das so scharf sagen, weil ich das schon von selber hätte wissen müssen.

7. Als der Kommende Tag Verlag gegründet worden war, gab Dr. Steiner, um, wie er wörtlich sagte, ‹ihm auf die Beine zu helfen›, einige seiner Bücher zum Druck an diesen Verlag. Das hatte aber zur Folge, dass dieser Verlag allmählich

es dahin trieb, den Philosophisch-Anthroposophischen Verlag von Frau Dr. Steiner gewissermaßen aufzusaugen und ihn zu einer reinen Auslieferungsstelle zu degradieren. (Ich brauche wohl dem Gericht gegenüber nicht darauf hinzuweisen, dass der Philosophisch-Anthroposophische Verlag mit dem Gelde von Frau Dr. Steiner gegründet worden war und ohne welchen Zuschuss stets gut gearbeitet hat, also auch zu dem erwähnten Zeitpunkt.) Infolge der durch diese Machenschaften entstehenden unwahren Situationen wurde Wolfgang Wachsmuth, der Leiter des Kommenden Tag Verlages, von Dr. Steiner nach Berlin gerufen (kurz vor der Weihnachtstagung 1923). Nach der Unterredung mit Dr. Steiner kam Wolfgang Wachsmuth herunter (der Phil.-Anthrop. Verlag war im Hochparterre), und ich wurde aufgefordert, Herrn Dr. Steiner ein diese Dinge betreffendes Aktenstück hinaufzubringen (Wohnung lag im 2. Stock). Als ich in das Zimmer trat, ging Herr Dr. Steiner in großer Empörung im Raum auf und ab, warf das Aktenstück auf den Tisch und sagte: ‹Diese Räuberbande! Kein Buch bekommen sie mehr von mir! Dieser Verlag ist ein schmutziges Konkurrenzunternehmen gegen den Philosophisch-Anthroposophischen Verlag von Frau Dr. Steiner! Ich lasse ihr nicht das Hemd vom Leibe ziehen! Das ist geistiger Diebstahl! Alles geben wir dieser Gesellschaft, aber am liebsten möchte sie uns mit Haut und Haaren verschlucken! Ich lasse das nicht zu!› Ich habe diese Worte in so deutlicher und wörtlicher Erinnerung, weil ich niemals vorher und niemals nachher Herrn Dr. Steiner in diesem empörten Zustande gesehen habe. Ich schildere diese Szene jetzt vor der Öffentlichkeit, weil sie äußerst deutlich zeigt, wie Herr Dr. Steiner solche Versuche, fremden

Besitz an sich zu reißen, aufnahm, und sie zeigt, dass er niemals daran gedacht haben kann, der Gesellschaft als solcher sein geistiges Eigentum zu überlassen, oder etwa auf Grund von ‹Weihnachtstagungen›, ‹§ 8›, oder was immer für Gründe genannt werden mögen, über sein niedergelegtes und nicht annulliertes Testament hinweg, noch dazu ohne irgendeinen Hinweis (wie präzis hatte in solchem Falle Dr. Steiner gesprochen!) die Gesellschaft zum Erben seines Geistesgutes zu machen …

Ich versuchte, mit diesen Berichten aus dem Leben mit Dr. Rudolf Steiner zu zeigen, wie absolut korrekt und klar seine Handlungsweise in den äußeren Dingen des täglichen Lebens war; er las immer genau durch, was er unterschrieb, und verließ sich nicht auf andere: er beachtete genau die Grenzen eigenen und fremden Eigentums, d. h. weder durch menschlich persönliche Bindung zu einem anderen noch durch die menschliche Verbundenheit in einer Gesellschaft gestattete er irgendwelche Unklarheiten bezüglich der rechtlichen und Eigentumsverhältnisse der einzelnen Persönlichkeiten. Er hat seine Urheberrechte sachlich und energisch gewahrt, wie er überhaupt jeder verschwommenen Haltung in solchen Angelegenheiten scharf entgegentrat …»

Halstuch, Hut und Mantel

Bei einem der großen öffentlichen Vorträge Rudolf Steiners in Berlin in der Zeit, als er für soziale Dreigliederung eintrat, benutzte er jeweils einen besonderen Ausgang, der zum «Künstlerzimmer» führte, von wo aus ich ihn durch einen langen Gang zum Ausgange hin geleitete. Nach einem dieser Vorträge standen viele Menschen um ihn herum, die mit ihren Fragen und Problemen an ihn herantraten und ihn sehr lange noch in Anspruch nahmen. Ich wartete bei einer Seitentüre. Ich hatte seinen Mantel, Halstuch und Hut bereits abgehängt und hielt alles, auf ihn wartend, in meinem Arme, um es ihm zu reichen, wenn er endlich frei wäre. So stand ich längere Zeit an der Seitentüre beim Saal, bis er kam. Er nahm seine Garderobe entgegen, ging damit zurück ins Künstlerzimmer, hängte alles wieder an den Haken. Dann nahm er eins ums andere und kleidete sich an. Ich platzte höchst verwundert heraus: «Aber Herr Doktor, können Sie sich denken, wie *mir* zumute ist?» Er aber: «Und können Sie sich denken, wie *mir* zumute ist?» Stumm gingen wir durch den ziemlich dunklen Gang, durch den ich ihn sonst an der Hand führte (denn er sah im Dunkeln sehr schlecht). Plötzlich sprach er: «Sind Sie mir jetzt böse, dass Sie mich gegen die Wand gehen lassen?» Und weiter fragte er, ob ich nicht wisse, warum er so getan hätte? Auf meine Verneinung erwiderte er: «Denken Sie darüber nach!»

Am nächsten und am übernächsten Tage, als er mir begegnete, war seine erste Frage: «Haben Sie darüber nachgedacht?» Ich wurde ganz aufgeregt, und als ich nachts wiederum aus dem Schlafe erwachte, kam es mir. Ich hatte, als die Menschen nach dem Vortrage um Herrn Doktor herumstanden und ihn belagerten, mich etwas gut daran getan bei dem Gedanken: «Steht nur bei ihm, *ich* habe ja *seinen* Mantel, *seinen* Hut!» Als mich der Doktor am folgenden Tag zum vierten Male fragte, ob ich darüber nachgedacht habe, sagte ich: «Ja, Herr Doktor, ich weiß jetzt warum.» Er antwortete: «Sehen Sie, Sam, das darf eben nicht sein!» – Aller Persönlichkeitskult war ihm tief zuwider, und es durfte um ihn herum nichts davon aufkommen.

Der geheimnisvolle Besucher

Eines Tages meldete sich bei mir an der Potsdamer Straße (dem neuen Lokal und Sekretariat des Berliner Zweiges) ein eleganter Herr, wie mir schien von südländischem Typus. Er möchte Rudolf Steiner sprechen. Ich sagte, dass er sich nicht hier befinde. Er gab nicht auf und drängte, wie wichtig es wäre, was er mit Rudolf Steiner zu besprechen hätte. So erklärte ich mich bereit, mit ihm an die Motzstraße zu fahren, wo der Doktor in dieser Zeit weilte. Unterwegs in der Taxe fiel mir auf, wie der Fremde unentwegt für sich Mantren murmelte. Mir wurde vor ihm immer unheimlicher. In der Motzstraße angekommen, ging ich nicht in den 2. Stock zu Herrn Doktor hinauf mit ihm, sondern brachte ihn im 1. Stock ins Arbeitszimmer des Herrn Walther. Ich ersuchte Herrn Walther, den Fremden oben per Visitenkarte bei Rudolf Steiner anzumelden. Herr Walther kam zurück mit der entschiedenen Absage, dass Rudolf Steiner den Herrn *nicht* empfangen könne. So musste er unverrichteter Dinge weg. Eine Weile später kam der Doktor zu uns herunter. Eindringlich sagte er: «Sam, Sie haben mir das Leben gerettet …», und er dankte mir. Er machte eine Andeutung, dass eine Attacke gegen ihn abgewiesen werden konnte.

Der Küchentisch

Draußen in der Küche steht ein Tisch. Ich nenne ihn meinen «heiligen Tisch». Kommen Sie ihn betrachten. (Anna Samweber ging voran; in ihrer muntern, konkreten Art wies sie auf den alten, massiven Tisch aus Hartholz von dunkler Farbe.) Meine Erzählung wird Ihnen begreiflich machen, warum er für mich der «heilige Tisch» ist.

Der Doktor sprach im Berliner Zweig an der Potsdamer Straße, wo ich derzeit eine kleine Wohnung hatte, über das Michaelmysterium und seine Mission. Ich war tief berührt und aufgewühlt von dem Vortrag. Hinterher hatte Rudolf Steiner vielen Mitgliedern bis gegen halb ein Uhr nachts noch Rede und Antwort zu stehen. Als alle fort waren, trat er nach Mitternacht zu mir herein, eben an diesen Tisch und sagte zu mir: «Sam, Sie wollten mich doch auch etwas fragen.» – Ich hatte mich immer bemüht, den Doktor nicht auch noch mit persönlichen Fragen zu belästigen. So sagte ich: «Nein, Herr Doktor.» Er aber antwortete: «Doch, Sam, stellen Sie bitte Ihre Frage. Bitte, sagen Sie Ihre Frage!» – «Nun denn, Herr Doktor», antwortete ich zögernd, «während Ihres Vortrages stieg in mir die Frage auf: Wer sind Sie? Wer waren Sie? Wer werden Sie sein?» Der Doktor ging sofort darauf ein. Er zeichnete vor mir auf den Tisch eine Kurve hin:

Seine Individualität ziehe sich so wie ein roter Faden durch die ganze Erdenentwicklung und sei schon vor deren Beginn da gewesen. Wörtlich fuhr er weiter: «Wenn Sie mit Liebe und Enthusiasmus nachdenken, werden Sie noch in diesem Leben finden, wer ich bin.» Ich fragte weiter: «Werden wir uns wiederbegegnen?» Er antwortete: «Wenn Sie in Liebe und Enthusiasmus nachdenken, wer ich bin, werden wir uns wiederbegegnen.» Das Gespräch an diesem Tisch setzte sich noch weiter fort. Ich erinnere mich, dass er hier auch sagte: «Als Christus auf Erden wandelte, und ein Mensch ging an ihm vorbei, blickte ihm ins Auge und nahm ihn wahr, so wurde er im nächsten Leben ein Christ.» So, und nun wissen Sie, warum dieses mein «heiliger Tisch» ist.

Einzelnes

Als ich nach einem Vortrage in der Potsdamer Straße Rudolf Steiner auf seinem Heimweg in die Motzstraße begleitete, kamen wir in die Nähe der polnischen Gesandtschaft. Plötzlich blieb der Doktor stehen und versetzte sehr ernst: «Es wird nicht viel Zeit vergehen, so wird hier kein Stein mehr auf dem andern stehen.» Ich konnte damals diese Aussage nicht verstehen. Als ich später im zerstörten Berlin lebte, habe ich oft an diese Aussage denken müssen, gerade wenn ich durch das völlig zerstörte Viertel in der Gegend der damaligen polnischen Gesandtschaft ging.

Einmal erwähnte Rudolf Steiner, das Jahr 1984 werde besonders schwer sein.

Gelegentlich sprach er zu uns ganz unvermittelt Gedanken aus, die wie Samenkörner fielen. So sagte er einmal bei einer Haltestelle, als wir auf die Trambahn warteten:

Ohne Dreigliederung – Bolschewismus
Ohne Anthroposophie – Katholizismus.

Von seinem Buche «Wie erlangt man Erkenntnisse der höheren Welten?» erwähnte er einmal, es eigne sich *nur* für die *persönliche* Arbeit; alles andere könne man auch gemeinsam arbeiten.

In seinem Schrank an der Innentüre hatte der Doktor Geburtstagsdaten aufgeschrieben. Er legte Wert darauf, mit

Menschen den Geburtstag zu feiern, und erläuterte: «In der Nacht, die auf den Geburtstag folgt, ist der Mensch seinem ‹schützenden Geist› am nächsten und kann mit ihm (im Schlafe) wie von Mensch zu Mensch reden.»

Jahreswende 1922

Ich hegte den stillen Wunsch, zu Weihnachten 1922 nach Dornach reisen zu können, um die dortige Weihnachtstagung mitzuerleben. Nun war aber Inflationszeit und meine Geldmittel völlig zerschmolzen. Zudem stand ich in Schuld für eine sehr hohe Zahnarztrechnung, verursacht durch einen Unfall. Anfang Dezember weilten Herr und Frau Doktor in Berlin. Frau Doktor, die sich immer um unser Wohlergehen kümmerte, zahlte für mich persönlich den Zahnarzt und sagte, für diesmal müsse ich auf die Reise nach Dornach verzichten, da sie Fräulein Tolch, der anderen Mitarbeiterin an der Motzstraße, bereits die Kostenübernahme für eine Dornach-Reise zugesagt habe. Für beide würde es jetzt nicht mehr ausreichen. Ich war sehr betrübt und auch in Unruhe; denn ich hatte eine deutliche Vorahnung bekommen, das erste Goetheanum würde zugrunde gehen. (Es kam dies aus einer Anlage in mir, die verschiedentlich in meinem Leben auftrat.) Kurz nach der Absage von Frau Doktor traf ich im Treppenhaus mit Rudolf Steiner zusammen. Ich klagte ihm mein Leid und fragte, ob er einen Rat hätte. Er vertröstete mich auf die Ostertagung, dann könnte ich sein fünftes Mysteriendrama miterleben. Frau Doktor hätte wirklich jetzt sehr hohe Auslagen gehabt und hätte jetzt so bestimmt. Da fuhr es aus mir heraus: «Herr Doktor, Sie haben gesagt, wenn man einmal die West-Ost-Achse des Baues wahrnehmend durchschreitet, dann wird das für den Betreffenden ein wesentliches Element nach seinem Tode sein. Und wenn ich zu Weihnachten nicht kommen kann, dann werde ich den Bau nicht mehr sehen. Wir werden ihn verlieren. Er wird verbrennen und zu Ostern nicht mehr da sein.»

Herr Doktor schaute mich groß an, ging mit keinem Wort auf meine Aussage ein und vertröstete mich wiederum auf Ostern. Er könne jetzt nicht helfen, und ich müsste selber schauen, ob sich eine Möglichkeit ergäbe.

Herr und Frau Doktor reisten ab. Ich verblieb in meiner Unruhe. Weil ich das Zweig-Sekretariat führte, hatte ich öfters mit dem Schweizer Konsulat in Berlin zu tun, um Visen zu erledigen, die auch damals Geld kosteten. So ging ich eines Tages auf das Konsulat und sprach mit dem mir bekannten Beamten. Er war bereit, mir ein Gratis-Visum für die Einreise in die Schweiz zu besorgen. Ich erwähnte, dass ich zuerst sehen müsste, die übrigen Geldsorgen für die Fahrkarte usw. zu bewältigen, da mir sehr an dieser Reise gelegen wäre.

Am folgenden Tag rief mich dieser Beamte an: «Fräulein Samweber, Sie haben Glück gehabt! Wir benötigen noch jemand, der nach Weihnachten fürs Rote Kreuz kranke Kinder von Berlin nach Basel begleitet. Wollen Sie dies übernehmen?» Welch ein Glücksfall! Sogleich sagte ich zu. Gegen Ende Dezember reisten wir nach Basel, wo ich die Kinder übergeben und den Weg nach Dornach einschlagen konnte.[11] Als ich nach dem Vortrag Rudolf Steiner begrüßen ging, bewillkommte er mich freudig, und gleich erkundigte er sich,

---

11 Vermutlich kam Anna Samweber am 29. oder 30. Dezember abends in Dornach an. Sie konnte gerade noch Einlass zum Abendvortrag Rudolf Steiners erlangen.

ob ich auch Quartier hätte. Als ich verneinte, sorgte er dafür, dass ich im Hause der Familie van der Pals unterkäme.

Am Silvesternachmittag spazierte ich mit Herrn Leonhard Gern und Herrn Erwin Drescher gegen den Gempenberg hinauf.[12] Ich war in einem furchtbar unruhigen Zustand. Als wir die Landschaft mit dem Goetheanum unter uns liegen sahen, sagte ich zu meinen Begleitern von meiner schlimmen Vorahnung um den Bau. Herr Gern hielt mich nach dieser Aussage für nicht normal.

Am Abend hörte ich den Vortrag Rudolf Steiners im Bau über «Die geistige Kommunion der Menschheit». Eine anschließende Silvester-Einladung zum Zusammensein mit Herrn und Frau Walther, meinen Berliner Freunden, und Frau Helene Finckh[13] schlug ich aus und begab mich ins Haus van der Pals auf mein Zimmer. Einige Zeit später alarmierte Herr van der Pals: «Der Bau brennt, schnell hinauf!» So kam es, dass ich die Silvesternacht auf der Brandstätte des Goetheanum durchwachte und Hand anlegen half zu retten, was noch möglich war.

Man war in Sorge, dass auch die oberhalb des Goetheanum stehende Schreinerei mit den Sälen und dem Atelier Rudolf Steiners Feuer fange. Im Letzteren befand sich die große Holzplastik, an der Rudolf Steiner lange gearbeitet hatte und die nach Fertigstellung an zentraler Stelle im Goetheanum hätte aufgestellt werden sollen. Sie war neun Meter

12 Beide stammten auch aus der Berliner Gegend.

13 Helene Finckh, Berufsstenografin, die sehr viele Vorträge Rudolf Steiners mitstenografiert und übertragen hat.

hoch und in Stücke zerlegbar. Junge Leute trugen diese ins Freie und legten sie auf die Wiese gegen das Haus de Jaager. Rudolf Steiner stellte mich mit andern als Wächterin zu diesen Holzteilen. So sah ich am erhobenen Arm der Christus-Statue vorbei die verzehrenden Flammen wüten. Eine Weile gewahrte ich Rudolf Steiner unweit von mir bei Edith Maryon und Isabelle de Jaager vor deren Hausportal stehen. Als die Kuppel mit Getöse einstürzte und gewaltige Flammen aufsprühten, wurde ich überwältigt von einem Geisterlebnis. Ich sah den Bau hoch oben über der Brandstätte, leuchtend weiß, und mir war Gewissheit: Jetzt geschieht etwas Gewaltiges. In die Flammen von unten her glühten die Farben der Orgel-Metallpfeifen hinein, und mir war hörbar etwas wie ein Tönen und wie schrilles Schreien zugleich. Und wie ich nach der andern Seite hinüberschaute, zum Hause de Jaager, gewahrte ich Rudolf Steiner umgeben von einer riesigen lichtweißen Aura, sodass ich meinen Mitwächtern zurief: «Seht doch den Doktor!» Und ich wusste, jetzt geht etwas vor zwischen dem Doktor und dem brennenden Bau. Meine Kameraden bemerkten dies nicht, und das Bild verging.

Am Morgen sah ich Rudolf Steiner mich zu sich heranwinken. Er bat mich, ins Haus Hansi zu Frau Doktor zu gehen und bei ihr zu bleiben. Sie hatte damals Schwierigkeiten mit dem Gehen. So hatte sie in der Nacht den Brand von unten im Garten in Erschütterung miterlebt. Als ich nun ins Haus Hansi kam, begrüßte sie mich mit den Worten: «Wie glücklich bin ich, dass Sie da sind!» Ich blieb bei ihr die nächsten Tage und half, wo man Hilfe brauchte. Frau Doktor war von einer so milden Güte zu mir und beschenkte mich vor meiner Abreise nach Berlin mit schönen Dingen.

So hat mich eine wunderbare Kette von Fügungen von Berlin hergeführt, dass ich das erste Goetheanum doch noch sehen durfte. Und so konnte ich auch an den schwersten Schicksalsstunden Rudolf Steiners und Marie Steiners unmittelbar teilnehmen.

Im Saal der Berliner Philharmonie

Es war in der Zeit des öffentlichen Wirkens (1921/22) Rudolf Steiners für die Idee einer sozialen Dreigliederung. Zwischen kommunistische und nationalsozialistische Extreme stellte er diese soziale Idee einer Mitte und hatte dazu schon in verschiedenen Stadtteilen Berlins gesprochen. Ich war immer wieder eifrig dabei, Handzettel mit den Ankündigungen zu verteilen, und hatte eine Reihe von Arbeitern dafür interessiert.

Durch die Konzertdirektion Wolff und Sachs, die außer Konzerten auch große Vorträge organisierte, wurde der Saal der Philharmonie für einen Dreigliederungs-Vortrag gemietet.[14] Die Veranstalter und die Verwaltungsdirektion der Philharmonie erhielten Drohbriefe, man werde das Auftreten Dr. Steiners zu verhindern wissen.

Am Vortag des Vortrages kam ich auf die Verwaltung der Philharmonie, wo man mich nachdrücklich darauf aufmerksam machte, dass die Veranstaltung gefährdet sei. Ohne Dr. Steiner zu benachrichtigen, kam man überein, die Kriminalpolizei aufzubieten. Diese übernahm den Saalschutz und postierte ihre Beamten auch bei der Lichtzentrale im Keller. Ich erkundigte mich, ob man vermeiden könne, Rudolf Steiner durch den Haupteingang hereintreten zu lassen und einen andern Zu- und Weggang vorzusehen. Es gab einen solchen,

---

14 Es handelt sich um den Vortrag vom 15. September 1921.

der vom Künstlerzimmer durch den Hof zum Hafengelände führte. So sollte Dr. Steiner bewahrt bleiben, dem Großandrang des Publikums ausgesetzt zu sein. Der riesige Saal war ausverkauft. Es war auch vereinbart, dass Mitglieder des Berliner Zweiges der Gesellschaft auf der Bühne hinter dem Rednerpult Platz nehmen sollten zum allfälligen Schutz des Vortragenden. Außerdem hatte ich einen mir bekannten Arbeiter von athletischem Wuchs gebeten, sich auf der Bühne zu postieren und notfalls den Weg zum Künstlerzimmer für Rudolf Steiner zu sichern.

Nach all diesen Vorbereitungen kam ich an die Motzstraße, wo Herr und Frau Doktor sich befanden, und berichtete, dass die Philharmonie ausverkauft sei. Die getroffenen Vorbereitungen verschwieg ich. Indes bat ich Rudolf Steiner, er möge, damit Frau Doktor nicht ins Gedränge des Publikums komme, den hinteren Eingang benutzen. Er aber meinte: «Nun ja, da können Sie mit Frau Doktor den hinteren Eingang benutzen. Ich fahre vorne vor.» Als ich nicht nachgab, versetzte er: «Warum wollen Sie mich belügen? Sehen Sie, ich bin diesen Abend Angestellter der Firma Wolff und Sachs. Sie stellt den Wagen. Fragen Sie die Firma.» Mit der Firma war das aber bereits besprochen, und so ließ sich Rudolf Steiner herbei, den hinteren Eingang zu benutzen.

Der Saal war übervoll. Die letzten Karten wurden zu Schwarzhandelspreisen an den Mann gebracht. In solchen Vorträgen bei Großveranstaltungen sprach Rudolf Steiner oft sehr anspruchsvoll, machte keine Konzessionen an populärsensationelle Erwartungen. So auch an diesem Abend. Er sprach mit großer Stimmkraft und kämpfte sich durch.

Nach Schluss des Vortrages begab ich mich mit Rudolf

Steiner unverzüglich ins Künstlerzimmer. Er schloss die Tür hinter uns, drehte den Schlüssel und sagte: «Niemanden rufen!» Dann sank er wie entseelt zu Boden. Ich erschrak zutiefst und dachte: das ist das Ende. Uralt, vom Tode gezeichnet erschien sein Antlitz. Minuten lag er so da, die mir viel länger vorkamen. Plötzlich begann er sich zu regen, erhob sich aus eigener Kraft, und dann sagte er zu mir: «Ich habe mit Dämonen gekämpft. Ich habe sie bezwungen.» Als nun jemand an die Türe klopfte, fragte er selbst, wer draußen sei. Emil Leinhas meldete sich, und Rudolf Steiner öffnete ihm persönlich die Türe.

Sam und die Nazis (1935–45)

Aus einem Brief von Ernest Mitchell an Jakob Streit[15]

Als die Gesellschaft verboten wurde und der Vorstand zur Gestapo beordert wurde, begrüßten die Vorstandsmitglieder den herankommenden Beamten mit erhobenem Arm. Das heißt außer Samchen. Der Beamte ignorierte alle, ging zu Sam und gab ihr die Hand! Bei späteren Besuchen von Sam in seinem Büro sprach dieser Mann ganz offen mit ihr und sagte, die Nazis würden später schon auch das Goetheanum infiltrieren.

Schon in der Nazizeit vor dem Verbot gingen einige Freunde noch in ein benachbartes Lokal, wo ein beschwipster Nazi das Wohl des «Führers» ausrief und alle aufstanden. Nur Sam blieb sitzen und nahm keine Notiz. Der Mann kam an Samchen heran und fragte höflich, ob sie gehört habe, dass er das Wohl des Führers ausgerufen habe, was Sam bejahte. «Und Sie bleiben doch sitzen. Warum?» «Weil der Führer nicht wünschen würde, dass sein Wohl von einem Betrunkenen vorgeschlagen wird.» Der Wirt kam und warnte Sam, dass der Mann die Gestapo anrief, um sie verhaften zu lassen. Sie und die Freunde verließen unverzüglich das Lokal.

---

15 Nachdem Ernest Mitchell in England 1981 diese Erinnerungen von Anna Samweber gelesen hatte, schrieb er an Jacob Streit einen Dankesbrief, worin er seine Erinnerungen an «Sam» mitteilte. Er hatte sie in den Jahren 1930 bis 1941 und nach dem Zweiten Weltkrieg erlebt.

Wir hatten ein Mitglied, dessen Namen ich vergaß, der einst Kommunist war, Betriebsrat bei Osram, und während der Zeit der Straßenkämpfe in Berlin einen Trupp kommandierte. Ihm gegenüber ein Opponent. Gerade dann und dort besann er sich über den menschlichen Aspekt, zog sich allmählich zurück und irgendwie rettete er dem Opponenten das Leben, die Einzelheiten weiß ich nicht mehr. Als die Nazis zur Macht kamen und die Verfolgungen begannen, wurde auch unser Freund nachts in die berüchtigten Keller verschleppt und zerschlagen. Plötzlich kam der Nazioffizier hinzu und nahm den Freund mit sich, was für seine Leute bedeutete, er will ihn ohne Zeugen selbst umbringen. In seinem Büro erklärte sich der Offizier als der Mann, dem einst unser Mitglied das Leben schenkte. Er gab ihm seinen Reisepass ohne Vermerk zurück, drei Stunden bevor der Alarm gegeben würde. Er kam zu Sam, die seine Wunden wusch und ihn zurechtputzte. Sie nahm ihn mit auf den Lehrter Bahnhof, von wo die Fernzüge gingen. «Zufällig» traf sie dort einen fremden Diplomaten, ich glaube, einen Inder. Sam bewirkte, dass dieser den Freund in sein reserviertes Abteil und nach Basel mitnahm.

In den letzten Stunden der Belagerung, als die Russen schon zum Teil in Berlin waren und Opponenten an Laternen aufgehängt wurden, opponierte Sam mit dem «Wart», der die Leute noch zum Kampf auf die Straße jagen wollte, und riskierte ihr Leben. Ganz kurz später waren die Russen da, und jetzt schützte Sam denselben Wart, indem sie seine Pistole in ihrer Manteltasche versteckte. Ein Soldat setzte sich auf die Lehne des Stuhles, auf dem sie saß, und der Soldat hätte nur die Waffe zu berühren brauchen, um alle Leute zu erschießen. Bei einer anderen Gelegenheit versteckte Sam ein junges Mädchen, dem die Soldaten hinterher waren; sie verbarg das Mädchen auf dem Lehnsessel, deckte sie zu und setzte sich auf sie, wodurch sie das Mädchen rettete.

Den Berliner Freunden

Ende Oktober 1923 war ich auf Urlaub in Dornach und hatte mich zum Wächterdienst für das Goetheanumgelände einteilen lassen. Die Brandstiftung des Goetheanums und andere Zeichen verlangten auch für das Schreinereigelände und das Atelier Rudolf Steiners wachsamen Schutz. Als ich in einer kalten Novembernacht zu später Stunde die Ruinen des Goetheanums umschritt (der Unterbau aus Beton war stehen geblieben), gewahrte ich auf meinem Wächtergang, dass Rudolf Steiner über Mitternacht hinaus noch Licht hatte im Atelier. Auf einer späteren Runde, es mochte gegen vier Uhr früh sein, war es erloschen. Rudolf Steiner hatte sich ins Haus Hansi hinunter begeben. Auf einmal blieb ich auf meinem Weg wie gebannt stehen: Ich hatte eine flammende Vision: Berlin stand in hellen Flammen! – Unter dem Eindruck dieser Erschütterung bat ich am nächsten Tag Rudolf Steiner um eine Unterredung. Er bestellte mich auf den kommenden Vormittag um 11 Uhr ins Atelier. Ich erzählte ihm mein Nachterlebnis und fügte hinzu: «Anthroposophie ist wie ein Gefäß, aus dem wir immer neu werden trinken können. Wenn einmal die schweren Zeiten über uns kommen, und wir Sie, Herr Doktor, nicht mehr haben, könnten Sie uns dafür Worte geben?» Rudolf Steiner bejahte und nannte mir einen Zeitpunkt, an dem ich die Sache im Atelier abholen könne.

Am folgenden Tag (vermutlich 10. November 1923) stand ich vor dem schwarzen Anschlagbrett in der Schreinerei und las eine angeheftete Notiz über den «Marsch zur Feldherrenhalle in München», den ersten öffentlichen Aufbruch der Nationalsozialisten. Eben kam Rudolf Steiner hinzu, las die Sache und sagte zu uns Umstehenden: «Wenn diese Herren an die Regierung kommen, kann mein Fuß deutschen Boden nicht mehr betreten.» Dann wandte er sich zu mir und sprach: «Sam, bitte kommen Sie heute Nachmittag um 5 Uhr zur Jause ins Haus Hansi!» Als ich zur bestimmten Zeit dahin kam, saß Frau Doktor am Kaffeetisch. Sie sprach zu mir: «Herr Doktor hat mir erzählt, dass Sie ihn um etwas gebeten haben. Er hat sich sehr über Ihre Bitte gefreut.» Bald trat Herr Doktor ein, unter dem Arm mehrere Akten tragend. Er überreichte mir daraus einen Brief und sprach: «Sam, ich muss Sie bitten, heute Abend nach Berlin zu fahren, um Dringliches zu erledigen.» Ich war erstaunt und erwiderte: «Herr Doktor, ich habe doch noch ein paar Tage Urlaub, die möchte ich doch gerne hier verbringen.» Er öffnete eine Akte, den Berliner Wohnungsvertrag. Er habe Fräulein Mücke geschrieben, dass sie die Wohnungen kündige. «Ja, Sam, das müssen Sie mir schon zuliebe tun.» Frau Doktor war aufgeregt; sie hätten doch dort den Saal ausgebaut, und das müsse wieder zu Wohnungen umgebaut werden. Da wiederholte Herr Doktor die Worte, die er beim schwarzen Brett gesprochen: «Ja, Frau Doktor, wenn diese Herren an die Macht kommen, können wir beide den deutschen Boden nicht mehr betreten.» Herr und Frau Doktor waren sehr ernst, als wir etwas später zur Schreinerei zu einer Eurythmieaufführung hinauffuhren. Herr Doktor ging ins Atelier, und ich begleitete zunächst Frau

Doktor in ihr Zimmer in der Schreinerei und verabschiedete mich dann von ihr. Dann begab ich mich, wie vorgesehen, ins Atelier. Rudolf Steiner war tief ernst. Er stand vor der Christus-Statue. Auf dem Tische lagen die Worte für mich. Als er mir nun das Blatt übergab, versetzte er: «Ja, Sam, es ist viel Leid in diesen Zeilen; aber es wird die Stunde kommen, wo Sie alle schwerstes Leid zwischen den Zeilen lesen werden.» Er nahm meine Hände an seine Brust und fuhr fort: «Sagen Sie den Berliner Freunden, … dann bin ich unter Euch!» Er machte mir Zeichen auf Stirn und Brust: «Sam, ich brauche treue, wackere Menschen. Bleiben Sie wacker und treu.» Zum Abschied küsste er mich auf die Stirn und forderte mich auf: «Ich möchte, dass Frau Doktor sich von Ihnen verabschiedet!» Ich sagte, das hätte ich vorhin schon getan. Er aber wiederholte seine Bitte und ging mit mir hinüber ins Zimmer von Frau Doktor. Er bat sie, mich zum Abschied zu küssen. Darauf verließ ich die Schreinerei. Mit dem Nachtzug fuhr ich Berlin zu, die Aufträge Rudolf Steiners zu erledigen.

(Da Rudolf Steiner in Berlin keine Vorträge mehr hielt, war dies vermutlich Anna Samwebers letzte Begegnung mit Rudolf Steiner.)

Spruch für die Berliner Freunde von Rudolf Steiner am 10. November 1923 Anna Samweber übergeben:[16]

Den Berliner Freunden

Es siehet der Mensch
Mit dem welt'erzeugten Auge;
Ihn bindet, was er siehet,
An Weltenfreude und Weltenschmerz,
Es bindet ihn an alles,
Was da wird, aber minder nicht
An alles, was da stürzet
In Abgrundes finstre Reiche.

Es schauet der Mensch
Mit dem geist'verlieh'nen Auge;
Ihn bindet, was er schauet,
An Geisteshoffen und Geistes-Halte-Kraft;
Es bindet ihn an alles,
Was in Ewigkeiten wurzelt
Und in Ewigkeiten Früchte trägt.

Aber schauen kann der Mensch
Nur, wenn er des Inneren Auge
Selber fühlet als Geistes-Gottes-Glied,
Das auf der Seele Schauplatz
Im Menschen-Leibes-Tempel
Der Götter Taten wirket.

---

16 Nach: Rudolf Steiner, Mantrische Sprüche, GA 268, Dornach 1999, S. 89 ff.

Es ist die Menschheit
Im Vergessen an das Gottes-Innre,
Wir aber wollen es nehmen
In des Bewusstseins helles Licht,
Und dann tragen über Schutt und Asche
Der Götter Flamme im Menschenherzen.

So mögen Blitze unsre Sinneshäuser
In Schutt zerschmettern;
Wir errichten Seelenhäuser
Aus der Erkenntnis
Eisenfestem Lichtesweben.
Und Untergang des Äußern
Soll werden Aufgang
Des Seelen-Innersten.

Das Leid dringet heran
Aus Stoffes-Kraft Gewalten;
Die Hoffnung leuchtet,
Auch wenn Finsternis uns umwallt;
Und s i e wird dereinst
In unsre Erinnerung dringen,
Wenn wir nach der Finsternis
Im Lichte wieder leben dürfen.
Wir wollen nicht, dass diese Leuchte
Dereinst in künft'gen Helligkeiten uns fehle,
Weil wir sie jetzt im Leide
Nicht in unsre Seelen eingepflanzet haben.

Wahre Schülerschaft

Aus den Kreisen der Jugendbewegung[17] wurden insbesondere Dr. Carl Unger und seine streng erkenntnismäßig vertretene Anthroposophie, die Rudolf Steiner sehr schätzte, abgelehnt. Es herrschte ein richtiges Treiben gegen ihn aus den Jugendkreisen. Carl Unger war führendes Mitglied des deutschen Vorstandes der Anthroposophischen Gesellschaft. In einer Delegiertenversammlung dieser deutschen Landesgesellschaft (Februar 1923), an der ich auch teilnahm, sprach Unger zu diesen Problemen. Unvermittelt unterbrach ihn Rudolf Steiner und gab zur allgemeinen Überraschung bekannt, dass er (zur Überbrückung der Gegensätze) für die Jugend eine eigene gesellschaftliche Organisation einrichte. (Diese

17 Zu den Sorgen, die an Rudolf Steiner während seiner letzten Wirkenszeit (1923/24) herantraten, gehörten die Schwierigkeiten zwischen der älteren und jüngeren Generation, die oft mit Persönlichem verbunden waren. Rudolf Steiner führte u. a. darüber in Stuttgart aus (8. Februar 1923): «Abgesehen von Bewertungen ist es aber in gewissem Sinne so, dass das Nichtverstehen gegenseitig ist! Das Alter ist so, dass man sagen kann: So wie es ist, ist es nicht seine Schuld, sondern sein Schicksal. Das Wehren der Jugend gegen das Alter aber ist Schutzmittel und Schwäche zugleich.»
Und ein Jahr später (16. März 1924, Nachrichtenblatt): «… Anthroposophie soll kein Alter haben; sie lebt im Ewigen, das alle Menschen zusammenführt … Die Jugend wird ja vergeblich nach dem wahren Menschentum ringen, wenn sie *dasjenige* Menschentum flieht, in das sie doch einmal eintreten muss.»

hieß dann «Freie Gesellschaft».) Unger war auf seinen Platz zurückgegangen. Es gab Triumphierende im Kreise seiner Gegner. Die Versammlung wurde mit einer kurzen Pause unterbrochen. Dann sprachen Leitende der Jugendbewegung und wiederum Rudolf Steiner. In der anschließenden zweiten Pause begab ich mich in ein Zimmer zu Frau Dr. Steiner (es war im Gustav-Siegle-Haus). Um zurück in den Saal zu gehen, benutzte ich den mir bekannten Weg über die Bühne. Wie ich hindurch wollte, standen da ganz allein Rudolf Steiner und Dr. Unger mir im Weg. Ich zögerte weiterzugehen und wurde so ungewollt Zeuge, wie Rudolf Steiner eben zu Dr. Unger sprach: «Sie werden jetzt wohl eine Erholungsreise antreten …?» Dr. Unger antwortete: «Nein, ich bleibe auf meinem Platz!» Da zog Doktor Steiner ihn an seine Brust, küsste ihn auf die Stirne und sprach bewegt die Worte: «Sie haben die schwerste Probe bestanden! Sie sind mein wahrer Schüler!»

Ich bemerkte, wie nach der Versammlung Dr. Carl Unger von vielen demonstrativ geschnitten wurde. So trat ich zu ihm und fragte, ob ich mit ihm nach Hause fahren dürfe. Er willigte ein, und ich erlebte in seinem Familienkreis, wie er gleich wieder frei über den Dingen und über dem Menschlich-Allzumenschlichen stand.

Noch von seinem Krankenlager forderte Rudolf Steiner wiederholt (auch brieflich, wenn sie auf Reisen war) Marie Steiner auf, sich für Dr. Unger einzusetzen und sich dem Treiben gegen ihn entgegenzustellen. In ihrem Nachruf vom 24. Februar 1929[18] schrieb Marie Steiner zu Dr. Ungers Wirken:

---

18 In: «Was in der Anthroposophischen Gesellschaft vorgeht», Dornach 1929.

Anna Samweber und Hans Arenson, 1952

Anna Samweber, 1955

«… Unklare Gefühlsmystik sollte sich der strengen Übung in sachlich logischer Begriffsbildung unterwerfen … Die Ablehnung dieser Aufgabe Dr. Ungers steigerte sich aber bis zu einer Art Ablehnung seiner Person. Er wäre zu trocken, zu nüchtern, zu abstrakt, so hieß es. Merkwürdig klangen die Urteile für diejenigen, die ihn näher kannten und das Gegenteil erlebten. Aber diese Stimmungsmache spitzte sich bis zu einer Art Verfolgung zu. Es wurde so hingestellt, als ob die Entwicklung unserer Gesellschaft diese von ihm vertretene Richtung in der geistigen Arbeit nicht vertrüge, als ob sie eine Gefahr bedeute. ‹Schädlich wäre dieses Element›, das war die weit um sich greifende Einflüsterung. Es war aber das Element, das Rudolf Steiner bei seinen Mitarbeitern verlangte und ohne das er eine gedeihliche Entwicklung unserer Bewegung für unmöglich hielt.»

Zum Tode von Carl Unger

Am 13. Dezember 1928 hielt Dr. Carl Unger in Berlin einen öffentlichen Vortrag und am folgenden Abend einen Zweigvortrag über Esoterik,[19] in welchem er sich auch für die Veröffentlichung bestimmter esoterischer Texte aussprach, die zu Missbrauch Anlass gaben. Es herrschte Aufregung darüber im Saale. Da hatte ich ein furchtbares inneres Erlebnis. Ich hörte plötzlich drei Schüsse und sah Dr. Unger über dem Rednerpult zusammenbrechen. Die Vision ging rasch vorüber, und ich sah und hörte Unger wie zuvor vorne weitersprechen. In mir aber war die Gewissheit: man wird Carl Unger umbringen.

Nach dem Vortrage begaben wir uns – an die dreißig Freunde – in ein Café mit Dr. Unger. Die Gespräche gingen

---

19 Es war nach dem Tode Rudolf Steiners ein Anliegen von Dr. Carl Unger, in der Anthroposophischen Gesellschaft ein Verständnis für die Unterscheidung von alter und neuer Esoterik wach zu halten, wie es Rudolf Steiner gehalten hatte, um Sektiererisches auszuschließen. Dafür setzte sich Dr. Unger besonders in Vorträgen vom Oktober und November 1928 ein, als sich gewisse Auswüchse abzeichneten. Für Esoterik gebe es wohl Reifegrade, aber nicht Geheimhaltung: «Die Esoterik der Gegenwart muss frei sein, weil sie nur (so) christlich sein kann; durch alte Mittel gebundene Esoterik ist ein Luziferisches. Hinter dem Bestreben nach Geheimhaltung auf diesem Gebiet steht nicht ein neuer, sondern ein alter Impuls – eine Überlegenheit gegenüber andern zu gewinnen. Und das wirkt wie Gift im sozialen Leben der Menschen.» (C. Unger, Schriften Bd. II, S. 238)

weiter über Anliegen und Sorgen der Anthroposophischen Bewegung und Gesellschaft. Man kam auf die bevorstehende Generalversammlung zu Ostern in Dornach zu sprechen. Dr. Unger führte aus, dass man da mutvoll vorhandene Konflikte austragen müsse. Er forderte mich auf, dann unbedingt nach Dornach zu kommen. Als ich sagte, dass ich nicht wisse, ob mir dies möglich wäre (der Kosten wegen), sagte er zu mir: «Das ist meine Angelegenheit. Ich brauche Menschen, die Mut haben!»

Beim Verlassen der Gaststätte hatte ich mit Dr. Unger ein Stück gemeinsamen Weges gegen den Potsdamer Platz. Ich sagte zu ihm, dass ich nach seinen Ausführungen eine Veröffentlichung der erwähnten Texte auch für richtig halte, und fragte ihn, ob er diese Angelegenheit mit Frau Dr. Steiner besprochen habe. Er verneinte. Er hätte aus eigener Verantwortung gesprochen; aber er gehe demnächst, zu Weihnachten, nach Dornach und werde es tun; denn die Veröffentlichung müsste geschehen.

Vor dem Hotel Fürstenhof, wo Dr. Unger wohnte, fasste ich Mut und sprach: «Herr Dr. Unger, ich hätte Ihnen noch etwas Wichtiges und Persönliches vertraulich zu sagen, das ich nicht hier auf der Straße tun möchte.» In seinem Zimmer setzte ich nochmals an: «Herr Dr. Unger, ich bitte Sie, regeln und bereinigen Sie jetzt schon zu Weihnachten die Sache mit der deutschen Landesgesellschaft und den Texten in Dornach.» Er wandte ein, dass die Sache mit der Landesgesellschaft wohl erst zu Ostern bei der Generalversammlung zu erledigen wäre. Ich erwiderte: «Herr Dr. Unger, wir haben keine Zeit. Ordnen Sie alles zu Weihnachten. Wir werden Sie verlieren … Sie werden erschossen …»

Er nahm meine Eröffnung bedeutsam auf. Sehr ernst geworden blickte er mich an und antwortete: «Wenn das so ist, werde ich schon zu Weihnachten in Dornach versuchen, auch die Angelegenheit mit der deutschen Landesgesellschaft in Ordnung zu bringen.»

Wir gaben uns zum Abschied die Hand. Er begleitete mich hinunter ans Portal. Es war unsere letzte Begegnung.

Herr Dr. Unger versuchte wirklich zu Weihnachten, in Dornach die Dinge zu ordnen. Er legte seinen Opponenten im deutschen Vorstand, den Herren Dr. Kolisko und Dr. Stein, nahe zurückzutreten. Da dies nicht zustande kam, trat Dr. Unger nicht nur aus dem Vorstand der Landesgesellschaft, sondern auch als Mitglied der deutschen Landesgesellschaft aus.

Zu Weihnachten und Silvester lud ich jeweils Mitglieder in Berlin zu mir ein, die keine Familie hatten. Wir feierten an der Potsdamer Straße, wo ich beim Sekretariat und den Zweigräumen eine kleine Wohnung hatte. Eine solche Einladung geschah auch für den nachfolgenden Silvesterabend. Im Freundeskreis wollten wir das gemeinsame Hinübergehen ins neue Jahr begehen.

Als die Glocken das neue Jahr einläuteten, öffnete ich, nach altem Familienbrauch, das Fenster und rief, die Hand ins Freie hinausschwingend: «Altes Jahr, geh hinaus!» und mit Willkomm-Gebärde: «Neues Jahr, komm herein!» – In diesem Augenblick hörte ich wieder die drei Schüsse und sah das Entsetzliche. Erschüttert rief ich den Freunden zu: «Wir werden Dr. Unger verlieren!» Unsere Feier brach jäh ab, und bald verabschiedeten sich die Freunde.

Einige Tage darnach, am 4. Januar 1929, war eine interne Veranstaltung angesetzt, wofür ich den Saal zu heizen hatte.

Als ich diesen kurz nach halb sieben betrat, erlebte ich zum dritten Mal den Tod Ungers. Nach der Veranstaltung, am späten Abend, erhielt ich einen Anruf ans «Sekretariat der Anthroposophischen Gesellschaft». Man bat mich um Auskunft über einen gewissen Dr. Unger, der an diesem Abend in Nürnberg, wo er einen Vortrag über Anthroposophie halten sollte, erschossen worden sei.[20] Am nächsten Morgen meldeten sich noch verschiedene Zeitungen.

Carl Unger hatte mir einen Brief hinterlassen, in dem er berichtete, er hätte zu Weihnachten in Dornach sich mit Frau Dr. Steiner in gegenseitigem Einverständnis besprechen können, und die Sache mit der deutschen Landesgesellschaft habe er geordnet.

Marie Steiner nannte Carl Unger den ersten Blutzeugen der neuen Geistesrichtung.

---

20 Wilhelm Krieger, geboren am 4. Juni 1872 in Nürnberg, wurde 1903 durch Michael Bauer (mit seiner Frau Anna) Mitglied der Anthroposophischen Gesellschaft, 1913 auch Mitglied der Esoterischen Schule. Seit 1914 mit beim Bau des Goetheanum tätig, entstand im Sommer 1921 – wohl verursacht durch eine Syphilis in seiner Jugend – eine schwere Wahnkrankheit, sodass er sich gegen alle ihm seit langem vertrauten und verehrten Anthroposophen wandte. 1924 trat er aus der Gesellschaft aus und verband sich mit dem gegen alles Anthroposophische kämpfenden katholischen Pfarrer von Arlesheim, Max Kully. Dieser unterstützte Krieger in allem, um seinen eigenen Kampf zu fördern. Nach der Ermordung Dr. Ungers sagte Krieger zum Untersuchungsrichter, er habe «bei gedämpftem Bewusstsein im Banne zwangsmäßig gehandelt». – Nach seiner Einweisung in eine Heilanstalt wurde er erst nach seiner Entmündigung 1935 allmählich ruhiger und starb am 13. August 1936. – Max Kully starb bald danach am 1. Oktober 1936. (Nach: Gesammelte Dokumente zu Wilhelm Krieger, Rudolf Steiner-Archiv, Dornach)

Zur Urne Rudolf Steiners

Nun möchte ich zu dieser Angelegenheit mein Erlebnis unmittelbar nach der Kremation von Dr. Steiner beschreiben.

An dem Tage, an welchem Frau Dr. Steiner, Frau Dr. Wegman, Fräulein Dr. Vreede und Herr Albert Steffen nach Basel fuhren, um die Urne Rudolf Steiners abzuholen, war es selbstverständlich, dass der Beamte des Krematoriums die Urne Frau Dr. Steiner als der Witwe überreichte. An diesem Tage (ich wohnte bei Dr. Vreede, mit der ich befreundet war) ging ich nach Arlesheim. Es kam mir entgegen der Chauffeur Maier; er hielt an und fragte mich, ob ich nach Dornach zurückgehen würde. Ich bejahte und sagte, dass ich nur schnell in die Apotheke gehen würde. Er wartete auf mich und ich fuhr dann mit ihm zurück. Sofort merkte ich, dass Maier in einem sehr aufgeregten Zustande war. Auf meine Frage, was denn los sei, antwortete er wütend, dass er nie wieder die Damen Frau Dr. Wegman und Fräulein Dr. Vreede fahren würde. Auf meine erstaunte Frage, was denn geschehen sei, sagte er mir, dass die beiden Damen Frau Dr. Steiner auf dem Wege vom Krematorium bis zum Haus Hansi in der unflätigsten Weise beleidigt hätten. Als sie am Haus Hansi angekommen seien und Frau Dr. Steiner aussteigen wollte, hätte ihr Frau Dr. Wegman die Urne von Dr. Steiner mit Gewalt aus den Händen gerissen mit den Worten: Jetzt hat es endlich ein Ende mit dieser Standesamtsehe. – Darauf sagte ich zu Maier, fahren Sie mich bitte sofort ins Haus Hansi. Als ich dort Frau Dr. Steiner gegenüberstand, sagte ich: Frau Doktor! Ich habe eine Frage und würde Sie bitten, wenn es Ihnen möglich ist, sie mir zu beantworten. Ich erzählte ihr nun, was ich von Maier gehört hätte, und fragte sie, ob dies denn wahr sei. Frau Dr. Steiner stand damals in einer mir unvergesslichen, wirklich königlichen Haltung vor mir und bejahte es. Darauf bekam ich einen gerechten Zorn und äußerte zu Frau Doktor, dass ich sofort nach oben gehen würde und es den Mitgliedern sagen würde. Frau Doktor hielt mich aber am Arm zurück und sagte, ich müsse schweigen. Diese Angelegenheit dürfe nicht weitergetragen werden. Und dann sagte sie: Die beiden Damen sind von dem Heimgange Rudolf Steiners so erschüttert, dass sie nicht mehr wissen, was sie tun und sagen.

(Nach einer stenografischen Aufzeichnung von Hella Wiesberger anlässlich eines Besuches bei Anna Samweber in Berlin Anfang Oktober 1958.)

Spätere Erlebnisse: Anastasia

Es war in den 20er Jahren, als ich durch einen Zeitungsartikel vernahm, dass in Deutschland eine «polnische Landarbeiterin» aufgetaucht sei, die sich als Zarentochter Anastasia ausgebe. Auf Grund meiner bereits berichteten Begegnung mit der Zarenfamilie in Odessa war ich angehalten, der Sache nachzugehen.

Ich stieß in meinen Nachforschungen auf das Adelsgeschlecht der «von Altenburg», das mit der Zarin nah verwandt war. Durch Beziehungen konnte ich erwirken, dass ich zu einem allgemeinen Empfang eingeladen wurde, wo auch die angebliche Anastasia zugegen sein sollte. Als ich sie erblickte und mit ihr ins Gespräch kam, war in mir kaum ein Zweifel, dass sie es sei. Indes verschwieg ich meinen Odessa-Aufenthalt und das dort Erlebte im Wagen der Zarenfamilie. Eine gewisse Zeit wohnte «Anastasia» in Berlin auch auf der dänischen Gesandtschaft. Ich wollte die Dinge sorgfältig überprüfen. Durch Vermittlung von Carl Vett[21] konnte ich sie besuchen. Zu dem bald darauf folgenden Weihnachtsabend lud ich sie in meine Wohnung ein. «Anastasia» erzählte mir aus ihren Erinnerungen. Ich tippte die Stadt Odessa an. Gleich begann «Anastasia» von ihrem dortigen Familienbesuch 1914 zu erzählen und vom Aufenthalt im Salonzug. Sie

21 Carl Vett (1871–1956), siehe Biographie in: Anthroposophie im 20. Jahrhundert, Dornach 2003, S. 867 f.

berichtete mir haargenau vom Kinderempfang und warum ihre Mutter, wegen einer Schokolade, ihr dort vor allen Anwesenden einen Schlag auf die Hand versetzt hätte. – Für mich war nun der unumstößliche Beweis erbracht, dass sie die echte Anastasia sei. Nun konnte ich mich ihr näher zu erkennen geben, dass ich damals als Lehrerin mit der kleinen Kinderdelegation in den Salonwagen gekommen war. Ich besaß auch noch das Foto.

Sie erzählte an diesem Abend auch von der Exekution im Keller von Jekaterinenburg, wo ihre ganze Familie erschossen wurde. Sie sei vor einer älteren Schwester gestanden und hätte wohl nur einen Streifschuss erhalten, wäre aber mit den andern gefallen und ohnmächtig geworden. Die Männer, die die Leichen zum Verbrennen wegführten, mussten plötzlich bemerkt haben, dass das nur verletzte Mädchen noch lebe. Nun muss man den Russen kennen. Auf Befehl schießen, das tut man; aber ein verletztes, wimmerndes Kind umbringen? – Da spricht das Herz, und das Mitleid handelt.

Die Familie von Altenburg half Anastasia mit allem Einsatz einen ersten Prozess zu führen um die Anerkennung ihres Namens, ihrer Erbfolge. Bei der Bank von England war ein großes Vermögen der Zarenfamilie deponiert. Der jüngste Bruder des Zaren, Cyrill, lebte mit seiner Frau damals in Paris und kämpfte schon lange um seinen Erbanspruch auf das Zarenvermögen. Die Frau von Cyrill war die heftigste Gegnerin von Anastasia, während Cyrill selbst von ihrer Authentizität überzeugt schien. Da Anastasia ein volkstümliches Russisch sprach, wollte man sie schon vom Sprachproblem her eliminieren. Die Zarin, ihre Mutter, war als Deutsche in England aufgewachsen. Ich selber hatte in Odessa erlebt, dass Englisch und Deutsch Umgangssprachen waren am Hofe. Diese Sprachen waren Anastasia noch einigermaßen vertraut. – Ich selber wurde als Zeugin zum Prozess aufgeboten, wobei das Foto der Zarenfamilie von 1914, das ich noch besaß, und die entsprechenden Aussagen stark ins Gewicht fielen.

Einmal ging ich mit Anastasia in Berlin beim Bahnhof Zoo vorbei, wo es ein Kino gab. Als Reklame für den eben laufenden Rasputin-Film war ein riesiges Porträt-Plakat von Rasputin angebracht. Wie der Blick Anastasias darauf fiel, schrie sie auf: «Der Heilige!», und brach neben mir ohnmächtig zusammen. Trotz einsetzender Bemühungen erlangte sie erst nach etwa zwei Stunden wieder das Bewusstsein.

Der Prozess ging über Jahre weiter. Der Weltkrieg kam und unterbrach ihn. Erst einige Zeit nach dem Zweiten Weltkrieg wurde der Prozess neu aufgenommen. Natürlich wurde Anastasia nun auch von der Publizität bedrängt. Sie willigte ein, ihre Erlebnisse einer Filmgesellschaft zu verkaufen. Von den erhaltenen Mitteln und mit Freundeshilfe konnte sie in Süddeutschland, bei Unterlengenhardt, in einem abgelegenen Haus ein zurückgezogenes Leben fristen.[22] Der Prozess ging weiter. Vor einiger Zeit waren Richter aus England stundenlang bei mir. Ich konnte erschöpfend Rede und Antwort stehen. Ich bekam u. a. Kenntnis von einem Brief des Großfürsten Cyrill an Jussupow, Anastasia betreffend, worin an diese eine Abfindungssumme vorgeschlagen wurde. Ein

---

22 Anastasia hatte mittlerweile, ihr tragisches Schicksal in Europa hinter sich lassend, in einer Spätehe nach USA geheiratet. Anna Samweber kannte ihre Adresse und trug in sich ein tiefes Mitleid mit diesem «wohl schwersten Frauenschicksal unseres Jahrhunderts».

solcher Vorschlag gelangte an Anastasia. Sie weigerte sich aber mit den Worten: «Ich will kein Geld, ich will meinen Namen!»

Zur Ausreise von Wolfgang Wachsmuth aus der Schweiz

Aus einer Erzählung von Anna Samweber am 14. Juli 1957, Wolfgang Wachsmuth, den Bruder Guenther Wachsmuths (Mitglied des Vorstands der Anthroposophischen Gesellschaft) betreffend; aufgeschrieben von Dr. Ernst Lippold, Freiburg i. Br.

Es wurde in Dornach folgende Geschichte erzählt: Eines Tages kam ein Revisor des Finanzamtes zu Frau Dr. Steiner, um die Bücher zu prüfen. Bei dieser Prüfung fragte er nach dem Gehalt des Generaldirektors, das nicht zu finden war. Frau Dr. Steiner entgegnete darauf: Einen solchen Generaldirektor gibt es nicht. Daraufhin erwiderte der Beamte, ihnen sei ein Herr Wolfgang Wachsmuth als Generaldirektor des Philosophisch-Anthroposophischen Verlages mit 800.– Fr. Gehalt gemeldet. Frau Dr. Steiner erklärte, dass dies nicht wahr sei und ihre Auskunft als Verlagsinhaberin sei bindend. Daraufhin sei, so wird erzählt, Wolfgang Wachsmuth wegen falscher Angaben aus der Schweiz ausgewiesen worden.

Auf der Landesversammlung in Stuttgart[23] nach Rudolf Steiners Tod habe Fräulein Samweber daraufhin Wolfgang Wachsmuth angesprochen und die Bemerkung gemacht: Sie

23 Die erste Landesversammlung seit 1923 und Tagung der Anthroposophischen Gesellschaft in Deutschland vom 17. bis 22. Juli 1926 in Stuttgart.

sind ja ausgewiesen.[24] Wolfgang Wachsmuth sei daraufhin äußerst empört gewesen und habe gefordert, dass Samweber Beweise für ihre Behauptung erbringen soll.

Samweber sei daraufhin zuerst zu Frau Dr. Steiner gefahren, welche sich zu dieser Zeit in Köln bei Familie Künstler befand. Marie Steiner habe aber erklärt: Sie müsse in dieser Angelegenheit schweigen und könne Fräulein Samweber nicht helfen. Sie müsse schon sehen, wie sie da herauskomme.

Fräulein Samweber fuhr darauf nach Berlin zurück; hier ergab sich durch einen Zufall, dass ihr eine Kriegsentschädigung ausgezahlt wurde, welche sie in die Lage versetzte, Folgendes zu unternehmen:

Sie fuhr in die Schweiz nach Bern und setzte sich dort mit Frau Prof. Bürgi in Verbindung, um Auskunft durch die Schweizer Fremdenpolizei zu erhalten. Die Fremdenpolizei habe jedoch den Einblick zunächst verwehrt und die Hinzuziehung eines Anwaltes gefordert. Nachdem ein Anwalt hinzugezogen war, erhielt Fräulein Samweber in Anwesenheit von einem Beamten und des Anwalts Einblick in die Akten. Aus ihnen ergab sich Folgendes: Wolfgang Wachsmuth war wegen falscher Angaben aus der Schweiz ausgewiesen worden. Bei Durchsicht der Akten kam jedoch ein Schreiben zum Vorschein, eine Bescheinigung, unterschrieben von Rudolf Steiner, dass Wolfgang Wachsmuth Generaldirektor des Philosophisch-Anthroposophischen Verlages mit 800.– Fr. Gehalt sei.

---

24 Wolfgang Wachsmuth hatte die Schweiz am 26. März 1926 von sich aus verlassen, wohl um einer möglichen Ausweisung zuvorzukommen.

Fräulein Samweber sei über diesen Tatbestand sehr bestürzt gewesen und habe Marie Steiner nochmals befragt, die aber wieder die Auskunft verweigerte.

In Stuttgart habe dann Wolfgang Wachsmuth bei einem Gespräch, in dem Samweber auf ihre Einsicht in die Akten hinwies, sehr höhnisch gesagt: «Und haben Sie auch gesehen, was der ‹Große Eingeweihte› unterschrieben hat?»

Zu Samweber habe Rudolf Steiner einmal gesagt: Wolfgang Wachsmuth ist der einzige Mensch, vor dem ich Furcht habe. Merken Sie sich das!

Kurz nach der Angelegenheit Samweber-Wachsmuth sei Dr. Guenther Wachsmuth nach Berlin gereist, um Samweber das Versprechen abzunehmen, über die Angelegenheit seines Bruders zu schweigen. Die Sam habe das zugestanden, solange man nicht die Rechte Marie Steiners angreife. Davon fühle sie sich jetzt entbunden.

Anwesend bei der Erzählung waren Manfred Schmidt, Elfriede Schmidt, Gerda Grundt.

Präzision des Schicksals

Am Schluss des Zweiten Weltkrieges, als die Russen in das zerstörte Berlin eindrangen, war ich im Gebäudekomplex an der Motzstraße, der noch bewohnbar war. Ich sprach den Frauen und Müttern Mut zu, ich würde den Russen schon entgegentreten und sie vor ihnen beschützen. Ich postierte mich unten im Hofe, und als sie nun kamen, gab ich laut und auf Russisch von mir, hier wäre kein Feind zu finden. Ich sprach ihr Gewissen an, die schutzlosen Mütter in Ruhe zu lassen. Ihr Anführer, ein stämmiger Offizier, trat auf mich zu und fragte, ob ich nicht aus Odessa wäre. Ein Wort gab das andere, und er erklärte, er wäre eine Zeitlang dort in die deutsche Schule gegangen und er kenne mich von dort. Vor Freude packte er mich, stemmte mich vor seinen Soldaten hoch und rief: «Seht, das ist meine Lehrerin!» So blieben wir alle verschont. Ja, wir kriegten sogar Nahrungsmittel. In der Folge wurde ich von den Russen als Dolmetscherin herangezogen und konnte der Zivilbevölkerung Berlins mancherlei Erleichterung verschaffen.

Dass ich eine so schöne Wohnung hier im Lessing-Nicolai-Haus erhielt, das unter Denkmalschutz steht, verdanke ich dieser Beziehung und Tätigkeit. In seiner Berliner Zeit hat hier einst Lessing gewohnt, und in diesem schönen Raume, in dem wir jetzt weilen, hat er Shakespeare übersetzt. (Friedrich Nicolai hatte mit Lessing und Moses Mendelssohn, seinen engen Freunden, die «Bibliothek der schönen Wissenschaften und freien Künste» gegründet.)

Es war vor zwei Jahren, als ich eines Tages unten beim Hausportal einen jungen Fremden traf, der mit einem Reisebuch in der Hand herumsuchte. Er sprach mich an: «Ist hier das Lessing-Nicolai-Haus?» Ich bejahte und hatte bemerkt, dass es ein Russe war. Gleich sprachen wir Russisch und kamen in ein reges Gespräch. Er war Ingenieur-Offizier und hatte einige Urlaubstage. Es stellte sich heraus, dass er in Odessa geboren war. Ich fragte: In welcher Straße? Es war dieselbe, die ich vormals bewohnt hatte. Als ich nun nach dem Hause fragte, stellte sich heraus, dass er im selben Hause geboren und aufgewachsen war, in dem ich bei der deutschen Reedersfamilie gelebt hatte. Er war ein religiöser und frommer Mensch. Wir sprachen, uns gegenseitig verstehend, über den Christus und das Christentum. Beim Abschied segnete er mich mit dem Kreuzzeichen. Monate später sandte er mir die versprochenen Ansichtskarten von Odessa und auch ein Bild von unserem «gemeinsamen» Haus.

Vor einigen Jahren erhielt ich die Mitteilung, ich müsse demnächst aus dem Lessinghaus ausziehen, es werde renoviert. Hier war ich mit einigen mir von Rudolf Steiner vererbten Möbeln und seiner Sixtinischen Madonna an der Wand so gut aufgehoben gewesen. Der Tag kam, wo der staatliche Experte, ein Baumeister, mich aufsuchte, um die Wohnung und das Haus zu besehen und mir den Umzugstermin bekanntzugeben. In meiner Wohnung hatte ich auch ein Bild Rudolf Steiners aufgehängt. Als der Experte die Räume besichtigte, trat er darauf zu, betrachtete es eine Weile und sagte zu mir:

«Meine Eltern hatten dieses Bild Rudolf Steiners auch aufgehängt. Sie haben ihn verehrt. – Frau Samweber, ich werde mich verwenden, dass Sie in diesem großen Hause eine andere Wohnung beziehen dürfen, wenn diese hier jetzt renoviert wird.» Er hat es wirklich zustande gebracht.

Ein zweites Mal wurde mein Aufenthalt in diesem Hause in Frage gestellt; es bestand sogar die Absicht, es für ein Museum einzurichten. Wiederum kam ein Experte, mich auszusiedeln. Als ich mit ihm sprach, heftete sich sein Blick auf einen besonderen Anhänger, den ich an einer Kette am Halse trug. Unvermittelt fragte er, wie ich zu diesem Anhänger gekommen wäre. Ich erzählte ihm, dass ich dieses Schmuckstück von einer Jüdin geschenkt bekommen hätte, der ich Liebes erweisen konnte, bevor sie ins Vernichtungslager Theresienstadt kam. Nun eröffnete er mir, ganz ergriffen, dass das seine eigene Mutter gewesen wäre, deren besonderes Schmuckstück sich ihm schon als Kind eingeprägt hatte. Sie sei in Theresienstadt umgekommen. – Die weiteren Verhandlungen ergaben bald, dass er alles daranwenden würde, dass ich in dieser Wohnung verbleiben könne, und so bin ich heute noch darin und hier, der Arbeitsstuhl Rudolf Steiners ist auch dabei. – Ja, so konkret erlebt man Schicksalsführung!

Anhang

Wilhelm Rath

Berliner Erinnerungen aus der Zeit der Weihnachtstagung

Als ich im letzten Herbst in Berlin war – zum ersten Mal wieder nach mehr als zwanzig Jahren –, besuchte ich auch mit einigen Freunden das Haus in der Motzstraße (ehemals Nr. 17 – heute Nr. 30), das einstmals in seinem Hinterhaus das Zentrum der Bewegung beherbergt hat, ein Haus, mit dem mich mancherlei Erinnerungen verbinden. Es ist wie durch ein Wunder erhalten geblieben. Die ganze andere Straßenseite ist durch den Bombenkrieg verschwunden. Man blickt weithin über freies Gelände, aus dem sich einige neue Wohnblocks erheben. Ich musste mich an ein Wort Rudolf Steiners erinnern, das mir seinerzeit von einem ihm nahestehenden Mitglied berichtet wurde: Dr. Steiner sei plötzlich auf der Straße wie in tiefer Erschütterung stehen geblieben und habe auf die Frage «Herr Doktor, was ist Ihnen?» mit einer Handbewegung auf all die Häuser dieses so dicht bebauten Teiles der Stadt gedeutet und gesagt: «Zu denken, dass das alles einmal nicht mehr ist!»

In diesem Hinterhaus aber ist – von außen betrachtet – noch alles so, wie es war, als wir jungen Leute damals im Anfang der zwanziger Jahre hier aus- und eingingen; nur dass heute andere Menschen in diesen Wohnungen leben, die wohl kein Bewusstsein davon haben, dass hier einmal der Himmel über der Erde offen stand.

Im ersten Stock rechts war der Philosophisch-Anthroposophische Verlag; hier waltete Johanna Mücke, die aus der langjährigen Lehrtätigkeit Rudolf Steiners an der Arbeiter-Bildungsschule ihm treu geblieben war. Im zweiten Stock links wohnten Herr und Frau Walter, im dritten rechts war die Wohnung von Herrn und Frau Dr. Steiner, und im vierten Stock links behütete Herr Selling die «Theosophische Bibliothek». Hier waren wir, d.h. die Berliner Gruppe des Bundes für anthroposophische Hochschularbeit, gastlich aufgenommen worden, als wir im Sommer 1922 nach einem geeigneten Raum für unsere Arbeit suchten. [...]

Aus der Berliner Studentengruppe war nach dem Februar 1923 ein Zweig der Freien Gesellschaft geworden, der sich nach wie vor in der Bibliothek in der Motzstraße und damit zugleich in der Wohnung der lieben alten, inzwischen verstorbenen Freunde Wilhelm und Karin Selling versammelte. Dort hatte uns Dr. Steiner bei einem kurzen Aufenthalt in Berlin – es war im Mai 1923 – einen ganzen Nachmittag gewidmet, sich von unseren verschiedenen Arbeitsgruppen berichten lassen und uns Anregungen für unsere Weiterarbeit gegeben.

Als es auf die Weihnachtszeit zuging, kam eines Tages Anna Samweber in die Motzstraße und brachte uns aus Dornach die so erschütternden und zugleich so tröstenden Worte Rudolf Steiners: «Den Berliner Freunden», und ich erinnere mich noch, wie ich sie mir aus seiner Handschrift abgeschrieben habe. Bald danach kam Marie Steiner nach Berlin, um das alte Berliner Zentrum (die Wohnung im dritten Stock) aufzulösen und den Verlag nach Dornach zu übersiedeln.

In dieser Zeit entstand bei uns der Gedanke, eine «Anthroposophische Bücherstube» zu begründen. Aus einem von meinem Vater hinterlassenen Antiquariat war schon ein kleines Lager, besonders goetheanistischer Literatur, beisammen. Die große Wohnung im ersten Stock des Hinterhauses der Motzstraße 17, aus der auszuziehen der Philosophisch-Anthroposophische Verlag im Begriff war, erschien als der geeignete Ort, den die Berliner Mitglieder schon kannten, um diese Bücherstube hier einzurichten. […]

Es war am letzten Tag der Weihnachtstagung in Dornach, am Nachmittag des 1. Januar 1924 während des sogenannten «Rout». […] Ich sehe mich in der Erinnerung inmitten all dieser vielen mir unbekannten Menschen völlig allein, als plötzlich Dr. Steiner, der mich gesucht hatte, vor mir steht und sagt: «Ich wollte Ihnen doch einen Termin bestimmen, an dem wir die Sache mit der Bücherstube fixieren. Warten Sie hier, ich werde gleich mit Frau Doktor besprechen, wann es am besten passt, dass Sie zu uns kommen.» […] Am nächsten Tag waren wir, mein Berliner Freund und ich, zur angesagten Stunde in der Villa Hansi. Herr und Frau Doktor erwarteten uns. Dr. Steiner diktierte die Punkte des Vertrages zwischen dem Philosophisch-Anthroposophischen Verlag und der Anthroposophischen Bücherstube in Berlin, welchem damit die Auslieferung des Verlages an den deutschen Buchhandel übertragen wurde.

Als diese Angelegenheit – es ging sehr rasch – erledigt war, sagte er zu mir: «Sie werden doch den Berliner Freunden von der Weihnachtstagung berichten.» Ich verstand nicht gleich und sagte, dass ich das ganz gewiss tun werde, aber es seien doch mehrere von uns da, und es werde gewiss jeder von uns sein Erleben berichten. Er aber sagte: «Ich meine nicht die Jugend, sondern den alten Berliner Zweig. Es war nämlich niemand da!» Darauf entgegnete ich, ich hätte doch den Zweigleiter in diesen Tagen in Dornach gesehen. Aber Dr. Steiner beharrte darauf: «Es war niemand da!» Und sich an Frau Doktor wendend, fragte er: «Wie viel Mitglieder haben wir denn in Berlin?» Und als sie sagte: «Es sind über tausend Mitglieder, es ist der größte Zweig», wendete er sich an mich: «Denken Sie, über tausend Mitglieder! Es ist der größte Zweig! Und es war niemand da!» Dabei blickte er mich mit so unsagbar traurigen Augen an, dass ich tief betroffen war und ihm versprach: Ich werde den Berliner Freunden von der Weihnachtstagung berichten. [...]

Wie aber sah es dann in Wirklichkeit aus, als ich in Berlin ankam? – Ich hatte einen Umweg über Kassel gemacht, wo gerade die erste öffentliche Tagung der Christengemeinschaft stattfand. Als ich nun unmittelbar nach meiner Ankunft in Berlin in die Potsdamer Straße ging, wo der große Saal des Berliner Zweiges war, und ich Anna Samweber, die treue Hüterin dieses Saales aufsuchte, kam sie mir schon zuvor: «Herr Rath, Sie müssen uns von der Weihnachtstagung berichten!» Ich sagte ihr, Dr. Steiner habe es mir auch gesagt und ich hätte es ihm versprochen. [...]

Als ich im Herbst 1964 in Berlin war, um nach vierzig Jahren wieder zu den jetzt in Berlin lebenden Freunden über die Weihnachtstagung zu sprechen, konnte ich auch unsere liebe Anna Samweber, die nun schon in den achtziger Jahren steht, in Ostberlin aufsuchen. [...]

Auszug aus dem Beitrag von Wilhelm Rath in: «Erinnerungen an Rudolf Steiner», hrsg. v. Erika Beltle und Kurt Vierl, Stuttgart 1979, S. 432 ff.